NeoCogito

阅读即行动

[英] 马雷勒·潘嫩贝克(Mareile Pfannebecker)

[英] J. A. 史密斯(J. A. Smith) 著

夏开伟 林小慧 译

WORK WANT WORK

工作-欲望变异简史

Labour and Desire at the End of Capitalism

生活·讀書·新知 三联书店 生活書店出版有限公司

图书在版编目(CIP)数据

工作-欲望变异简史 / (英) 马雷勒·潘嫩贝克，(英) J. A. 史密斯著 ; 夏开伟，林小慧译. -- 北京 : 生活书店出版有限公司，2025. 4. -- ISBN 978-7-80768-514-2

Ⅰ. C913.2

中国国家版本馆 CIP 数据核字第 2025QZ5143 号

责任编辑　欧阳帆
特约编辑　廖　雪
装帧设计　SOBERswing
责任印制　孙　明
出版发行　**生活書店出版有限公司**
　　　　　(北京市东城区美术馆东街 22 号)
邮　　编　100010
图　　字　01-2024-6637
经　　销　新华书店
印　　刷　天津睿和印艺科技有限公司
版　　次　2025 年 5 月第 1 版
　　　　　2025 年 5 月第 1 次印刷
开　　本　787 毫米×1092 毫米　1/32　印张 7.5
字　　数　120 千字
印　　数　0,001—4,000 册
定　　价　48.00 元
(印装查询:010-64004884;邮购查询:010-64052612)

“可欲性即可弃置性”——全球数字资本主义正是基于这种恶魔逻辑，通过无数种早已为我们之中最边缘群体熟知的方式，将我们所有人的生命投入市场。与此同时，当代人生活的深度技术互联为再分配、共产化与“去劳动化”提供了新的可能。今日之巴特比在共情彼此欲望中，该如何在这片疆域重建集体说出“我宁愿不”的能力，进而界定我们真正的需求?《工作-欲望变异简史》一书对反工作政治中的当代悖论做了前所未有的综述，基于“共享界限”，为具有解放力的后资本主义愿景建构了新颖且缜密的论证框架。全书结构紧凑，文笔畅达，内容丰富，引人深思。

——索菲·刘易斯（Sophie Lewis）

目 录

序　万般皆工作 xi

西方社会如今有了这般新的毕生之业（lifework），在这个管理体系中，你所做的一切都是工作，你所做的一切都可能被工作套牢。当你为钱而工作的时候，你更多地被货币化了，相比过去，整个过程有更多的手段和更好的结果。不论你是休息还是如厕，工作会找上你；你的笑容和你的幽默机智，也都会成为工作；你“独立开展工作，但你的发展是团队发展的一部分”；工作还会消耗你的健康。你干了自己职责和岗前培训之外的活，你干了其他同事昔日的活。如果你失业了，你还是要被工作套牢——你失业，别人还能从中赚钱。下班后，紧随而来的是“影子工作”①，

---

① “影子工作”这一术语改编自奥地利哲学家兼社会评论家伊凡·伊里奇（Ivan Illich）在1981年出版的专著《影子工作》（*Shadow* ［转下页］

这以前都是别人的职责和生计。你要输入火车票信息，扫
xii 描条形码，装包货品。你跟别人说你做的是什么工作，但没人在乎。大家都是店员、列车乘务员、服务员、旅行代理（如果你运气够好……）、银行经理。即便待在家里，你还会收到那些工作邮件，或者假设你是优步（Uber）司机、户户送（Deliveroo）[①] 骑手，或阅后即焚（Snapchat）修图师，你就要把上述工作统统“打包”干完。即便没人会一天 24 小时不间断工作，但是，这是人类历史上第一次，“没有哪个时候、哪个地方、哪种情境下人是不能工作的”。[1]

你的娱乐活动也看起来像工作。你的社交平台上不断更新着模特写真集、导演作品集和简历（即便此时炒掉你的是一份糟糕的工作）；电子游戏越来越少关注打斗和射

[接前页] *Work*）。他认为，影子工作包括以工资为基础的经济体制下所有未付报酬的劳动，比如家务、自助取款、自助购物等。美国社会学家克雷格·兰伯特（Craig Lambert）在他的《无偿：共享经济时代如何重新定义工作?》（*Shadow Work*：*The Unpaid*，*Unseen Jobs That Fill Your Day*，2015）中也对此现象做了详细阐释。（若无特别说明，本书中的脚注均为译者注）

① 英国的一家线上外卖公司。

击，更多关注模拟劳动管理。同时，恰恰是平台所有者从你的懒惰、无聊、欲望、愤怒和创伤中获取价值。如果这里没有一种是你的情况，如果你非法务工，如果你无法工作，或者想说“我宁愿不”①，你还是消失为好。

20 世纪 60 年代末，特奥多·阿多诺关于“自由时间”的概念中有一些“骇人听闻”的论述。他将“自由时间”与其心目中非异化劳动的理想学术生活做对比，认为“在我的工作本身和工作之外这二者之间，不存在绝对的对立”。[2] 有组织的休闲产业在当时不断壮大，该骗局模糊掉了这位哲学家对工作的合理性要求，即工作应该是愉人与悦人的。阿多诺认为：工作不应该让我们总是感觉被迫远离了我们的“真实自我”，让我们在一天结束时盼着即刻逃 xiii
离。具有反讽意味的是，到头来却是毕生之业回应了阿多诺的号召。如今，在工作与非工作（non-work）之间没有“绝对的对立”，你的“真实自我”在工作场所是受欢迎的，

① 巴特比（Bartleby）是美国著名作家赫尔曼·麦尔维尔（Herman Melville，1819—1891）的文学名篇《抄写员巴特比》（“Bartleby，the Scrivener：A Story of Wall Street”）中的人物，面对雇主的要求，他习惯回复“我宁愿不”（I would prefer not to）来拒绝做事。

不管是在 Pret[①] 还是摩根大通，我们在情绪和情感劳动中，也被期待展现出“真实的自我”，你必须要有“真实的自我”。

本书考察了自阿多诺所处时代以来在工作方面颇受争议的几个变化，以呈现这些变化之间重要的相互关联。本书认为，所谓的毕生之业的体系已经给西方社会造成了如下断裂。第一章讲述了“没有成为面包师的悲剧”，各种传统工作和职业中所要执行的任务之间原本存在着长久性，而如今，这种特质已经消失，工作与职业越来越具可互换性。第二章考察了失业者的生活和低薪工作者的生活，他们之间存在着一种新的不安全结构，我们称之为不良受雇（malemployment）。本章还讨论了国家的新权力，它将人们从经济和政治中驱逐，我们将这种状态称为解雇（dis-employment）。第三章探讨了“年轻女孩化”现象，一种准青少模式的自我商品化越来越多地决定了其他所有形式的工作主体性。

尽管我们希望政治上还有可能将这些讨论重组成相互

① Pret 是英国标志性的简食餐厅品牌 PRET A MANGER 的简称。

关联的，但我们在写作本书的过程中也考察了五种现存的尝试，它们都试图回应工作的问题。在 2016 年“民粹主义”[①] 时刻之后的政治中，右翼和左翼政治家们将“新政”（New Deal）[②] 和战后共识时期称为平稳就业期，相关政策 xiv
使人民大众免于遭遇上述的问题。年轻的激进主义者和反工作的活动人士提出了明显相反的诉求，即他们想要一个超级技术化的“后工作”（post-work）未来；而欧陆哲学中还有一个未经充分考察的传统，它诉诸艺术和文学，以极力想象一种环绕工作建立的共同体。在第四章中，我们考察了硅谷妄称的“后工作”计划，深入了解他们的价值提炼模式：在硅谷，价值不是从有意识的人力中提炼的，而是从无意识——甚至通常是破坏性的——欲望中提炼的，这种欲望会以数据的形式出现。我们以此对照 2015 年至 2020 年间出现的新一波文化批评，后者和“微调我们的欲

---

① 2016 年被认为是人类历史上第三次民粹主义大潮的元年：大到英国脱欧、欧洲反难民潮，小到罗德里戈·杜特尔特当选菲律宾总统、土耳其政变失败等。

② 指 1933 年富兰克林·罗斯福（Franklin Roosevelt）就任美国总统（1933—1945）后所施行的一系列经济政策，其中救济政策主要针对穷人与失业者。

望”有些隐秘的共同之需：鉴于欲望早已被数字化资本主义深植于工作之中，二者所做便是拾起欲望并将其调整为打破毕生之业体系的一种手段。

第一章　毕生之业 1

三十年间，在亚历山大·科耶夫、乔治·巴塔耶、莫里斯·布朗肖、米歇尔·福柯、让-吕克·南希和吉奥乔·阿甘本的著作中上演了一场对话，焦点是这些思想家们对“非功效”（désœuvrement）一词的使用——既有共性，又时常冲突。该词可直译为“不运作”（unworking），但也可译为“不运作性”（inoperability），或“工作缺失”（the absence of work）、“作品缺失”（the absence of a work）。相比卡尔·马克思、埃米尔·涂尔干和马克斯·韦伯这三位“经典”批评家在语汇上对工作一词的使用，该术语在学术上的使用频率较低，但它对工作理论的贡献在于，它认为“不工作”（not-working）绝非指消极意义上的不努力。[1] 事实上，“不工作”已被概念化为一种积极的、正面的甚至是很重要的特质，而且（我们认为）这种特质愈发在

“毕生之业”体系内受到威胁。人文学科的大学生最终都会
2 了解，福柯在其早期著作《疯癫的历史》（*History of Madness*，1961）中提出，在欧洲历史上，早期曾有人认为精神疾病中存在某种隐晦而神秘的智慧，而到了17、18世纪，患有精神疾病的人被决然地归入“大禁闭”（great confinement），对其首次采用了一种严格的医学分类——他们随之被强制接受住院治疗。然而，那个时代的当权者并没有严格区分这种新的医学观念，对疯癫者和对贫民、乞丐、性犯罪者的禁闭常常被混为一谈。简言之，这些人都被视为对社会无用之人是因为他们无法工作。福柯说，以这种方式，“疯癫被视为某种受到伦理谴责的懒惰行为，内在于一个基于工作共同体（a community of work）的社会之中”。[2]

福柯对疯癫和非功效进行了精彩联想，而医学史学家对此持怀疑态度，他们可能会质疑：“在18世纪的话语中，福柯强调的精神正常与工作、疯癫与怠惰之间的联结”到底有多么“突出”？[3] 但是仅从历史事实的这种经验层面对福柯的观点加以回应，就会忽略福柯自身文本中游戏的、哲学的甚至是文学的逻辑。福柯后来提到，“我很盲目地尝

试使用一种表达：‘疯癫，作品的缺席’”，这个观点出现在福柯的《疯癫的历史》中，从历史层面探讨了疯癫是如何在某个特定时期被某种特定文化排除在某个“工作共同体”之外的，而且还将疯癫作为工作的对立面来展现，其寓意便是我们今天所谓的“艺术作品”。福柯写到了那些具有“疯癫”特质的现代艺术家——萨德、戈雅、荷尔德林、 3
奈瓦尔、尼采、凡·高、阿尔托，指出他们的创作恰恰表现了“作品的缺席，对那种缺席的持续重复呈现，其中心的虚无无穷无尽，无边无际”。[4] 福柯讲述了早期对疯癫的处理，描述在此背景下对工作——对劳动——概念的特定历史性运用，他这样做，是着眼于这样一种文学的存在：这种文学作品中的每一句话，似乎都在试图消解它作为“作品”的整体性和庄严之可能，即作为盖棺论定和经典的成就。

要识别隐藏在文学中所谓的“非功效”之物，就是要承认“杰作”的问题恰恰在于它们太容易“发挥作用”：人们认为阅读这些“杰作”就能实现切实用处，提高修养，获得教益，或者就能作为身份象征，固化阶级。然而，它们包含着某种“疯癫”的逆流，以试图完全破坏这一过程。

福柯此处的观点，其实是对其昔日好友布朗肖观点的回应。在《文学空间》（*The Space of Literature*，1955）中，布朗肖扩展了至少自 19 世纪末“为艺术而艺术”（art for art's sake）运动以来确立的一个观念——一种波希米亚主义，认为艺术与工作对立，因为艺术是彻底无用的：卸下了一切功利主义下的责任，不必肩负道德，也不必承担社会生产之责。布朗肖更新了这个观念，在艺术源头的一个重要神话中找到了一个相当精辟的譬喻，那便是俄耳甫斯的神话，他注定要永远为爱人欧律狄刻歌唱——但凡他曾
4 经抵住诱惑，不回头看她是否还跟在他身后，他就能把她从冥府拯救出来。在布朗肖的重述中，欧律狄刻是艺术（此处不做性别暗示），是“艺术追求的无尽景”，要被带“回白日之光中”，被赋予“形式、形态和现实”，由俄耳甫斯指引的走出冥府之旅的任务来实现——这是艺术家的工作。

但是，作为艺术作品的欧律狄刻尚未出现在日光中，俄耳甫斯就已轻率地放弃了任务——他无法抵挡诱惑，过早回头望她。然而，布朗肖没有把这看作是说教，他甚至把匠人（the worker）俄耳甫斯的失败阐释为失败其本身彻

头彻尾就是艺术“固有的运作”。真正的艺术拒绝将自身显现为“作品”。在这个类比中，俄耳甫斯不仅回望仍被遮蔽在黑夜中的欧律狄刻，而且回望“黑夜所隐藏的——另一个黑夜”。俄耳甫斯渴望看到无尽的黑暗，就在欧律狄刻转身离去的瞬间看到自己看不见的东西，这表明他是一个艺术家；而他后来的命运——就是为这黑暗不住歌唱，这在某个意义上是对他拒绝白日之光的回报。可以说，欧律狄刻在俄耳甫斯的注视下转身离去，预示着艺术在被感知的瞬间就会远离其旁观者。这样一来，艺术就不仅仅是反对“作品”，而是一直在打破其自身作为“作品”的身份。[5]

这一切似乎与我们在本书其他部分讨论的低薪、就业
不稳定和数字化劳动相去甚远。我们在本章稍后部分会提 5
到，南希对“非功效”这一概念的阐发将会揭示其全部社会应用。但可以这么简单来理解：当我们说生活中越来越多的部分被打上工作的印记时，是想说明，这种非功效的空间——与工作相对立且消解工作的空间——正面临着越来越严重的减缩。这样带来的结果是，思想家越来越难以天马行空地想象“还有什么不是工作”。

不再是面包师

1998年，社会学家理查德·森尼特（Richard Sennett）写到他对波士顿一家大型面包店的重访，他在25年前首次见到并采访了这家面包店的工人。早前，森尼特注意到一个同质化的希腊移民劳动群体，他们由当地工会和家庭凝聚在一起。尽管面包师们并不喜欢自己的工作——制作面包的工作往往很累，工作时间异乎寻常，但是，这又是一项非常专业化、技术难度高的工作，精通于此的人就会很受其他面包师的尊重。20世纪90年代，森尼特重访该面包店，发现原本那些希腊面包师的工作此时是由一群没有工会组织、种族混杂的“弹性工人”① 来完成，他们操作着极其简单、方便使用的现代烤箱。面团不再需要手工捶
6 打，使用烤箱时也不太容易烫到手和胳膊，各式面包无须

① 弹性工人（flexi-workers 或 flexible workers）是2020年公布的经济学名词，是20世纪末以来在劳动力市场上出现的劳动用工关系比较灵活、能够随时满足厂商劳动需求的工人的总称。

多年经验也能做好，传统的夜班也被灵活的兼职安排所取代——女性和男性均可兼职。[6]

森尼特认为，后一个工作者群体的不同之处在于，他们不可能将自己看作面包师，更不可能认为自己特属于烘焙业或长期扎根这一行。他们工作的行为特点也适用于服务行业的其他任何领域。森尼特于20世纪70年代首次拜访时，社会正在慢慢流行“知识经济”即将到来的说法，即认知技能（cognitive skills）将取代手工劳作。[7] 然而，重访表明，技术进步因使劳动更具“知识性”而受到欢迎，但这种方式也会产生相反的效果：技术进步使那些原本需要精专知识才能完成的任务扁平化，取而代之的是无须具备太多技能的工作。“在所有形式的工作中，从雕刻到烹饪，人们都会认同那些给他们带来挑战的任务，那些有难度的任务，”森尼特总结道，“这里有一个可怕的悖论，即当我们降低难度、减少阻力时，我们为用户的不加批判和漠不关心的活动创造了条件。”[8]

如果——从本书秉持的观点来看——我们正经历“非功效”的普遍式微，即以前不是工作的事都被工作化，那么具有讽刺意味的一点是，与其同步发生的恰恰是劳动传

7 统场域——职业或事业——的解体。在以前的技术革命中，虽然蓝领工作发生了巨大变化，但中产阶级的职业毫发无损，甚至通过将自己标榜为新社会现实的重要监督者来巩固其地位。有一派不断发展的学术研究认为，20、21世纪之交的技术变革的独特之处在于，“专业人士”的白领工作在以前受保护，现在却受制于任务的快速自动化，与此同时，那些曾经从事这些工作的人要面对职业的不稳定与去技能化。事实上，随着自动化的迅猛发展，这些白领工人可能会最先经历森尼特所说的“不做面包师的悲剧”。[9]

那么，我们在本书中描述了大量的例子——工作对生活的各部分完成了新的殖民，它发生的背景是这样的一种资本主义：该资本主义对其传统的支配阶级的存在构成了直接威胁。这个阶层就是“资产阶级”，其中，文化资本和经济资本（有权决定文化中什么最好和财产所有权）在历史维度发生了重叠。这一阶层回顾其文化身份被抛弃的过去，其传统社会和职业特权被侵蚀的现在，以及一个根本不需要它的未来。我们依次来看这三种“消亡”（除去“欧
8 洲一些省城，或许还有……北美的某些地区”）。马克思主

义历史学家佩里·安德森①指出：

> 波德莱尔或马克思、易卜生或兰波、格罗茨或布莱希特——甚或萨特或奥哈拉——所了解的那种资产阶级，都已成为过去。过去那个牢固的圆形剧场成了一个造型瞬息变化的水族馆——**当代资本的投资者和管理者、审计师和门卫、管理者和投机者**：构成了一个没有固定的社会身份的金钱世界。[10]

温迪·达林的父亲和玛丽·波平斯②的雇主，都是20世纪上叶的绅士形象。在勉强接受大众文化之前（也就是在第二次世界大战后的几十年里），他们既是震惊的谴责者，也是安德森提到的前卫文化世纪的主要受众。“由于资本主义给西方广大劳动群众的生活带来了相对的福祉，”弗

① 佩里·安德森（Perry Anderson，1938— ），英国马克思主义历史学家、新左派理论家和政论家。

② 温迪·达林（Wendy Darling），《彼得·潘》（*Peter Pan*）中的一个主角，一个不愿长大的女孩。玛丽·波平斯（Mary Poppins），同名系列童话中的主角，是个会魔法的保姆兼家庭教师，“玛丽阿姨”一度成为英语世界中保姆的代名词。

兰科·莫雷蒂①在谈到这段战后时光时写道，“商品成为新的合法化原则：共识建立的基础是事物，而不是人——更不用说原则。这预示了今日的现实：资本主义胜利了，资产阶级文化死了。”[11]

在资产阶级放弃对“文化”的独特要求之前，其工作模式也被拆除了：安德森笔下“圆形剧场”的专有专业知
9 识，换成了不断变换着职能、任务和角色的“水族馆”。理查德·萨斯坎德和丹尼尔·萨斯坎德②称，20 世纪末和 21 世纪初，资产阶级专业人士在卫生、教育、神学、法律、新闻、管理、税务和审计以及建筑方面的“把关人”专业能力（gatekeeping expertise）受到了技术挑战，他们的知识被民主化，他们的任务被分配给多个水平较低的工作者去做，而且在某些情况下，他们的角色完全可自动化。[12] 如果森尼特认识到不做面包师的悲剧，那么今天这些专业人

---

① 弗兰科·莫雷蒂（Franco Moretti），意大利马克思主义文学批评家。

② 理查德·萨斯坎德（Richard Susskind），牛津大学教授，是计算机、互联网和法律等领域的声名卓著的专家；其子丹尼尔·萨斯坎德（Daniel Susskind）是经济学者，曾与其合著《职业的未来》（*The Future of the Professions*）一书。

士也有可能会是（但未必是）教师、讲师、律师或建筑师，因为他们会抱怨，说可替换的官僚琐事和“客户向”的情感劳动越来越多地占据了他们过去的独特工作。

“雇员越来越多地被要求承担他们的职业以前不需要承担的任务——教师要参与健康推广活动，大学讲师被鼓励确保其毕业生的就业，医生被要求提供健康生活方式的建议，而不是专门治疗疾病。”彼得·菲尔布拉瑟和加温·波特因如是观察道。[13] 彭尼·安德鲁斯（Penny Andrews）向我们展示的对学术图书馆管理员的采访已证明，除了那些他们认为属于图书馆工作范畴的任务外，他们还被期望承担越来越多的柔性任务（即确保学者遵循一系列快速变化的规则——如何让公众获取他们的学术成果），这些工作人员对此感到愤怒。这些职业越来越像安德森的“水族馆” 10
的极端形式——大卫·格雷伯①称之为“狗屁工作”（bullshit jobs）：由管理、文书、销售和服务任务组成的可交替的工作流，其存在往往只是为了创造出待人随时完成

① 大卫·格雷伯（David Graeber，1961—2020），美国人类学家，以对官僚主义、政治和资本主义的尖锐批评而闻名，曾是“占领华尔街”运动的领军人物。

的官僚琐事。[14] 如果这可以被看作是一个支配阶级分散状态的记录，那么它也是——用迈克尔·哈特和安东尼奥·奈格里①的话来说——支配劳动形式的一种变化：那种劳动"把……一种趋势强加给其他形式的劳动和社会本身"，从而使一切都逐渐按它的形象重构。[15] 当你申请任何工作都无关紧要的时候，"狗屁工作"就出现了；它们都受制于同样的客户服务规则，越来越多地被日常管理所束缚。

这些过程反映在职业社交应用程序领英（LinkedIn）的逻辑中：它将一个人简历上的经验分解成一系列各自独立的"技能"，并邀请同事和前雇主为每一项技能的效力作证。在领英上，一个人与其说是律师或土地测量师，不如说是具备可能吸引任何种类雇主的独立能力的组合：这种逻辑在工作申请和面试过程中越来越多地被复制，并延伸

---

① 迈克尔·哈特（Michael Hardt，1943—2011），电子书之父，古登堡计划（Project Gutenberg）发起人。安东尼奥·奈格里（Antonio Negri），当代意大利马克思主义社会学家和政治哲学家。奈格里与哈特先后合作出版了多部著作，包括：《狄俄尼索斯的劳动：对国家-形式的批判》（*Labor of Dionysus*：*A Critique of the State-Form*，1994），以及批判资本主义全球化的三部曲：《帝国》（*Empire*，2000）、《诸众：帝国时期的战争与民主》（*Multitude*：*War and Democracy in the Age of Empire*，2004）、《大同世界》（*Commonwealth*，2011）等。

到一个人生活经历中越来越多的部分中去。“那些被认为本身有价值的活动被重新定义为就业能力，”大卫·弗雷恩如此描述道，“我必须提及对无家可归者所做的慈善工作，因为它给了我在志愿服务方面的工作经验，而我也特意提到我在欧洲的搭便车旅行的经历，因为它培养了我运用主动 11
性和解决问题的能力。”[16]

对这些过程的批评往往出自工作者福利的角度，与森尼特的批评方式类似——这种对我们工作内容的明确性的削弱，尤其会对心理造成伤害。但是，以这种方式限制会忽略更加普遍的专制型社会流动，而这些工作实践恰恰赋予了他们自身这种流动性。自 2014 年《移民法》施行以来，英国对非法移民采取了“敌对环境”（Hostile Environment）① 政策，包括让房东或雇主检查其租户或雇员的移民资料，同样要求公共部门的工作人员在履行其服务时也必须这样做。截至 2015 年，英国“预防”反恐战略的最新扩展内容规定，教师、议会工作人员、社会工作者、医生、

---

① 指在工作场所或学校等公共场所中存在的一种针对某些人的歧视、骚扰或恶意行为，这些行为可能会导致这些人感到不安、受到伤害或无法正常工作或学习。

大学教师、护士、图书管理员和验光师有义务识别并报告任何符合“易受恐怖主义影响”特征的人。[17] 安德鲁斯提到的图书管理员讨厌在他们与合作学者之间强加“柔性”功能。在这两种国家政策中都发现了同样的模式，在我们日益碎片化的职业角色的差距中，出现的恰恰是国家最具压迫性和不自由的倾向。正如“自由”运动团体所说，这些倾向已经“根深蒂固”，“在值得信赖的公共部门工作人员与他们应该服务的人之间的日常互动中，这些人包括护士
12 和患者、警察和受害者、教师和学生”。[18]

对工作的怀旧

我们几乎没有讨论过各种不稳定的、收入低于社会标准的低薪工作，在第二章中，我们将把这些工作描述为“不良受雇”。我们也还没有涉及这些过程的变化以及它们在全球经济中对人们的影响。然而，即使在这些有限的参数范围内，我们讨论的工作变化所呈现的前景也是暗淡的。尽管关注到了稳定和明确界定的职业生涯的解体是如何对工人产生多重负面效果并引发对工作进行反动的政治部署

的，但风险依旧存在，那便是人们最终会默默地将旧的工作模式理想化。换言之，危险在于想象我们所有的问题都可以得到解决（前提是我们能够抵制这些变化），回到类似战后时期的工作模式：那时还有体面的薪酬、终生的职业，我们还没有被不相干的“狗屁工作”所纠缠，而这些“狗屁工作”在随后几十年的新自由主义碎片化的工作场所中已经堆积起来。

战后贫富差距达到最小化，工会运动蓬勃发展，这对今天的左派来说是一段有吸引力的记忆——即使这使它陷
入之前提及的“悖论情形——我们不得不捍卫……自己之 13
前批为不够激进的机构”。[19] 伯尼·桑德斯①沿用了富兰克林·罗斯福的政策，而大西洋两岸的社会主义者都试图通过“绿色新政”（Green New Deal）的名头使激进的环境改革变得容易被大众接受。这并非巧合。我们甚至可以认为，桑德斯和杰里米·科尔宾②出人意料地成为年轻左派的代表人物，部分原因是他们的年龄，他们可以凭借丰富的经

① 伯尼·桑德斯（Bernie Sanders，1941— ），美国历史上第一位信奉社会主义的参议员，以民主党人身份参加了2016年美国总统大选。

② 杰里米·科尔宾（Jeremy Corbyn，1949— ），英国工党前党首。

验担任新自由主义之前世界的政治代理人（尽管作为次要角色）。在右派这边，一种类似的怀旧情绪支撑着唐纳德·特朗普关于将工作岗位带回经济落魄的“锈带州”① 的言论，以及英国脱欧运动的一系列言论：将英国从欧盟官僚做派和移民“抢走我们的工作”的困境中解救出来。换句话说，左派和右派都有一种“对工作的怀旧”，无论公开与否，这种怀旧都围绕着战后协议的惯例而展开。[20] 而这种怀旧使得早期协议中存在的缺点、不稳定形式和日常暴力好像只是局部缺陷。

战后政权的工作世界诞生于大萧条时期留下的经济创伤中，工人阶级运动要求政府兑现二战期间对建设美好社会的承诺，而如果不兑现这些承诺，实际存在的共产主义就会成为西方的威胁。其愿景是建立一个慷慨的福利国家，为人们提供有偿工作之外的基本福利，但前提是大多数人都好好工作，这是安德烈亚·科姆洛希所称的“无产阶级

① 锈带州（Rust Belt）是美国中西部的一个地区，以其红色或棕褐色的土壤和肥沃的农田而闻名，在农业和畜牧业方面具有重要意义。

化和社会保障之间无法回避且看似自然而然的联系”的根本前提。[21] 尽管看起来是“自然而然的”，但有偿工作和社会保障之间的这种联系之可能实际上非常不寻常，它仅仅始于德国的俾斯麦首相执政期间（1682—1890）、英国1909年的自由改革和美国20世纪30年代的“新政”时期。罗贝尔·卡斯特尔①认为，它完全颠覆了前工业世界将带薪工作与脆弱性联系在一起的观念，这种观念认为那些从独立工匠身份“沦”为依附性劳动力的人才是不稳定的。[22] 14

战后政权以这种新近形成的“联系”为基础，做出了两项可能有害的举动。首先，这种联系产生了进一步普及就业的效果。战后的福利国家承担起保护失业者的责任，并希望使生活的某些领域（健康、教育、养老）不必全都依赖工作。然而，用盖伊·斯坦丁②的话说，这些过程只构成了一个“虚假的去商品化”（fictitious decommodification）。“‘普遍性’意味着涵盖正式雇员的需求”[23]：将那些

① 罗贝尔·卡斯特尔（Robert Castel），法国社会学家。
② 盖伊·斯坦丁（Guy Standing），英国经济学家。

失业者完全“作为自由公民”对待的做法是“不符合自由社会原则”的。[24] 福利国家在为失业者提供新保障的同时，也将这样一种观念自然化了，即要真正成为福利国家公民就必须带薪工作。其次，战后工作制度的结构产生了将工
15 作和工作的定义本质化的效果。一方面，男性带薪者作为其标准单位，在家里得到了妻子提供的支撑。相对于凯恩斯-福特主义（Keynesian-Fordist）经济赋予她们的主要消费者这种新角色，主妇的家务工作（很少获得认可）反而显得很次要。另一方面，“家庭工资”作为一种新期望支付给了男性养家者，它成了标准单位的薪酬来源。正如南茜·弗雷泽①所指出的，其效果恰恰是“将对家庭和工作的男性中心式理解制度化了”，同时“将异性恋和性别等级制度自然化”。[25]

这种保障家庭的方式对其所“庇护”的女性来说，充其量也只是利弊参半，这姑且不谈；当时的激进分子认为该保障的条文明显带有种族和地域歧视，但凡与其他形式

① 南茜·弗雷泽（Nancy Fraser，1947— ），当代著名的政治哲学家，也是美国第三代社会批评理论以及新马克思主义女性主义的重要代表人物。

的不公正结合，立马就会失效。玛利亚罗莎·达拉·科斯塔①在1972年写到战后福利国家的虚伪：这些福利国家口口声声说要保障核心家庭，但在这种制度实施的策源地，“美国南部，6岁的孩子已经与警犬对峙”，而“今天我们在意大利南部和爱尔兰北部发现了同样的现象”。[26] 安吉拉·戴维斯②揭露了自由主义政策制定者是如何为自己开脱的，他们不为黑人家庭提供应有的保障，反而毫不含糊（却充满讽刺）地自责，认为奴隶制对“黑人男子气概”造成了永久性伤害，因此州政府为黑人家庭提供保障注定无果。[27] 舒拉米斯·费尔斯通③的精神分析研究发现，核心家庭的完美典范是由剥削家务劳动维系的，它源自“黑人贫民窟妓院”（black ghetto Whorehouse）——其形式包括性 16
工作、家务劳动以及一些不稳定的不体面劳动，“美国的黑人社群让广大白人社群的家庭结构得以存在”，在这个过程

---

① 玛利亚罗莎·达拉·科斯塔（Mariarosa Dalla Costa，1943— ），意大利社会活动家、女权主义者。

② 安吉拉·戴维斯（Angela Davis，1944— ），美国政治活动家、教师、学者。

③ 舒拉米斯·费尔斯通（Shulamith Firestone，1945—2012），西方激进女权主义思想的重要代表人物。

中，各方都产生了新的、病态的种族主义幻想。[28]

一般来说，种族化的不平等还在延续，不是作为某种副产品，而是作为一个有意将工作定义本质化的目的。吉尔·瓜达尼奥和伊拉·卡茨内尔松这类学者指出，在战后的美国，一波又一波的进步立法被认为从根本上扩大了社会保障范围，但却不相称地把美国黑人排除在外。这是罗斯福在最初制定新政时与南方民主党人碰撞产生的明确妥协。为实现这种排斥而运行的主要机制想将福利与我们已经看到的带薪工作之“本质化”定义准确地联系在一起（这里不包括佃农——许多南方人通过向地主借工具和农用物资并在年底还债来维持生计——以及家庭佣工和零工）：所有的工作都是不相称地由黑人完成。这种模式在战后延续了下来，大多数美国黑人在 20 世纪 50 年代之前都无权享受社会保障，在大多数黑人居住的南方，工会组织受到钳制，主要雇用黑人工人的农业雇主和家庭雇主规避了对最低支付酬劳和最长工作时间的规定。[29]

17 因此，说战后工作制度本身有多么出色是不够的，因为它没有给予妇女和非白人足够的补助。这两种情况都不是不幸的失误所致，而是对工作本质做了不同定义的具体产物——以及在该定义中对种族和性别的家务和农务进行了贬低。出于同样的原因，如今从新型不稳定工作制度的立场来看，我们不能只在那里哀叹早先时期带薪工作和社会保障之间的“必然联系”被打破了——似乎维系这种联系就能解决不稳定的问题。正如伊莎贝尔·洛里所指出的，以这种方式来框定问题，就很容易陷入“安全”“稳定”“常态”三者与“不稳定”之间的对立。也就是说，既没有考虑到“哪些人在福特主义的福利国家体系中尚未得到（足够的）保障”，又没有考虑到“社会不安全感目前正以何种方式成为社会现实的一部分”，即它本身就是一种严峻的稳定规范。[30] 我们将在下一章中讨论后一种情况的诸多方面。总结一下对工作的怀旧之情：批评当今不稳定的工作环境，在不经意间就把以前的工作理想化了。这是一个麻烦的问题，因为一个管理体系，尽管它对一些人工作之外的生活部分提供了令人愉悦的保障，但它是围绕着一种对工作之本质化和普遍化的有害定义构建的，就像所有的普遍性一样，它省去的大量问题都被有效地掩盖了。

18 在“后工作”乌托邦，我们要做些什么？

尽管如此，有一点仍然似乎很明显，很确定：战后，我们花在工作上的时间量必然会大幅减少。很显然，这注定是战后文化的一部分。在写于1930年大萧条时期的一篇题为《我们后代的经济前景》（“Economic Possibilities for Our Grandchildren”）的文章中，经济学家约翰·梅纳德·凯恩斯（后世将其视为战后经济的指导者）认为，每周15小时工作制与大众的富足一定会实现。他的分析为安东尼·克罗斯兰的《社会主义的未来》（*The Future of Socialism*，1956）和J. K. 加尔布雷斯的《富裕社会》（*The Affluent Society*，1958）① 等战后对经济增长本质的研究奠定了基础。[31] 鉴于这种自由主义传统的信心因支撑它的经济模式发生危机而消退，减少工作重新成为左派的首要任务。

---

① 安东尼·克罗斯兰（Anthony Crosland，1918—1977），二战后英国工党重要的理论家和政治活动家，也是当代欧洲民主社会主义理论的开创者之一。J. K. 加尔布雷斯（J. K. Galbraith，1908—2006），美国经济学家，新制度学派的主要代表人物。

1968 年，拉乌尔·瓦内格姆①不仅谴责了资本主义，还谴责苏维埃将工作原则普遍化了。[32] 在意大利，一场嬉皮士风格的马克思主义运动要求“无工受禄”（zero work for income），并宣称“革命大有可能”。[33] 在英国，爱德华·希思（Edward Heath）政府为应对能源短缺和劳工行动，强制实行每周工作三天，令许多人感到惊讶的是，当他们在工作中得到部分解放时，他们也从中获得了创造力和实验精神。[34]

尽管这些立场在意识形态上各不相同，但令人吃惊的 19
是，它们都在假充一些可以渴求和可能发生的事物（如果不是必然）——那便是凯恩斯描述的富足的后工作未来必将来临。不仅如此，正如彼得·弗拉塞所言，人们“实际上在担心自己从工作中解放出来之后会做什么”。[35] 20 世纪五六十年代，甚至有一个重要的自由主义文化批评的小分支，致力于预测：如果人类的感知力被解放，在未来富裕

---

① 拉乌尔·瓦内格姆（Raoul Vaneigem，1934— ），法国作家，是法国情境主义国际的先锋艺术运动中的一位典型的诗人革命家，其《日常生活的革命》（*Revolution of Everyday Life*；法文书名：*Traité de savoir-vivre à l'usage des jeunes générations*）一书影响深远。

条件下的自由消费中，人类将会面临什么样的危险。[36] 弗雷恩说，今天离这样的起点已经很远了，“我们可以原谅自己把早先对彻底减少工作周的预测看作是一个历史奇观——一个几十年前就被遗忘的美好却又古怪的想法”。[37] 但是，人们正在努力回转这种强大的遗忘。其中最激进的是由思想家和活动家组成的“反工作”（anti-work）运动，他们要求左派去理解上述新的工作环境：不是本着“对工作的怀旧”之精神，而是要求一个“后资本主义”“后工作”的社会，由“全自动化”（full automation）来维持。

简言之，这种观点认为，目前数字技术的发展正将资本主义置于能够吸收越来越少劳动力的境地，而生产本身变得越来越容易。同时，“价值”日渐不再体现在物品与其劳动时间上，而是体现在对知识产权收取的租赁上，这造
20 成了一种不可持续的垄断所有权。面对大规模失业的反乌托邦式预测，反工作思想者建议单纯顺应这些变化趋势，接受资本自身关于劳动力过剩的说法，并要求向后工作社会过渡。尽可能多的工作可以由机器来完成，人类则可以在生活的各个领域追求繁荣幸福，而这些领域目前都被“狗屁工作”所阻碍——只要货币还是一个合适的交换媒

介，就可以通过向所有公民支付的全民基本收入（Universal Basic Income，简称 UBI）之类的东西来支撑人类的追求。

我们在这里强调的不是技术的经验限制，不是在全球不平等的背景下过渡到这种社会的政治挑战，也不是环境影响。[38] 我们也不会回应一些活动人士的合理担忧，他们指出全民基本收入的想法源于新自由主义思想者：一部分人想以此为借口完全放弃有针对性福利，另一部分人认为它是一种经济上的错误让步，即大规模失业是不可避免的，而不是政治选择的结果。[39] 我们在此处以及第四章的关注点在于“后工作假说”的哲学蕴意：[40] 既包括这种分析手段可以告诉我们一个与“非功效”理论相称的社会形态，也包括它意味着——现在——在“毕生之业”和“凡事皆工作”的时刻，这个早已过时的幻想应该复归我们的集体想象和我们的激进政治。

弗雷恩《对工作说不》（*The Refusal of Work*，2015） 21
的大部分内容是一系列案例研究，研究对象是一群试图逃避忙碌和无趣工作生活的英国人，他们的做法是尽可能做一些没什么报酬可言的工作。他们的一个共同看法是，这种期待“后工作”生活的行为有一个障碍，那便是他们在社会中经历的道德判断和排斥，因为这个社会的社交性和价值感是围绕工作建立的。尽管如此，弗雷恩提醒说，“许多流行的反资本主义激烈讨论”也“(通常以一种很尽责的态度）告诉人们，如果他们选择减少工作，节制支出，他们会更快乐”。[41]“工作伦理”在文化中显然被道德化了，而拒绝参与资本主义文化，同样有道德上的危险，这意味着工作和非工作最终都在道德方面受到了评判。弗雷恩试图避免这个陷阱，他拒绝将其研究对象的斗争浪漫化，并强调在我们当前的文化中，普通人想要减少工作有多么难。然而，当他具体谈到人们不工作的话能做什么时，他步入了我们所谓的反工作写作作为一种体裁的一个主要的内在危险：如果我们把某件事从工作中解放出来，把它说成是我们可以追求的美好生活的一种可能，那么它很快就会变成一个关于我们应该做什么的规约。作为最多产的反工作作家之一，安德烈·高兹①曾说，“乌托邦的功能是……让

① 安德烈·高兹（André Gorz，1923—2007)，法国当代著名左翼思想家。

我们看到其与现状的距离，使我们能够根据我们可能做什么或应该做什么来评判我们正在做什么”。[42] 我们认为，区分“可能”和“应该”并不容易。 22

弗雷恩的几位受访者发现，放弃工作实际上让他们开始弥补收入的损失，他们不再为许多服务付费，他们以前需要这些服务只是因为曾在工作上耗费了太多时间。“考虑到大量现代商品——从预制食品到高咖啡因饮品、洗车、维修服务、护理服务、私人教练、约会机构等——都在不同程度利用我们缺乏空闲时间这一问题，”弗莱恩说，“我遇到的许多人都发现，减少工作时间可以让他们省钱，这并不意外。他们能为自己做更多事。”[43] 也许自己做家务，照顾孩子或家人比有偿请人来做要做得好。我们认为，问题在于，很多反工作的话语最终不得不假设“不工作”必然会更好。不管我们从哪个方面批判这一点，这都是一种道德评价和隐性规定，这意味着弗雷恩的话语（如同其他许多的类似论述）无法对某种结构性“尽责”避而不谈，他将这种尽责归咎于主流的支持工作的观点和反资本主义的激进主义。

不仅如此，这一举动也冒着重复工业和战后工作制度

23 之核心举措的风险：将有偿“劳动”的本质定义为与家务和社会再生产“工作”在质上有所不同（在第三章中，我们将讨论女性主义的主要传统，这种传统已经证明家务和社会再生产劳动本身就是资本主义中的一类劳动）。人们如果同意带薪工作是苦差事不受欢迎的唯一原因的话，他们就会产生“为自己”做这些事情必然是解放自我的想法。这意味着，育儿、做饭，甚至做爱，都是不可转让的好事……但只要你为之得到报酬，它们就会立即变为“坏”劳动。

“为自己多做点事”背后更多的逻辑可以通过回到一个经典的论点来理解，即从某些工作中解放出来可以提升个人的自主性和创造力。弗吉尼亚·伍尔夫为父权制下被扼杀的女性创造力做了一番经典的辩护：“受过教育的男人的女儿们总是在手忙脚乱中思考”，“在做饭的时候，在晃着摇篮哄孩子的时候思考”。[44] 人们很容易把伍尔夫对从苦差事中获得自主权的要求视为当今反工作运动的原型之一。但细细想来，弗雷恩的评论与伍尔夫最严厉的诋毁者之间有更多共同之处。“对伍尔夫夫人的臆断，我难以苟同。她认为在没有帮助的情况下独自料理家务、照顾家人必然会
24 阻碍或削弱思考，”利维斯（Q. D. Leavis）在文学杂志《细

察》（*Scrutiny*）上评论伍尔夫的《三枚金币》（*Three Guineas*，1938）时说，“一个人自己的厨房和育婴室（而非客厅和餐桌）……是生活的领域，我看不出让仆人为我们打点生活有什么好处。”[45] 这份异议带有阶级色彩，只需对比利维斯（和《细察》）的小资产阶级自力更生与伍尔夫疑似骄奢的“客厅”波希米亚主义①，就能发现这一点。利维斯怀疑像伍尔夫这样出身的人是否“知道摇篮应该晃哪一头”，这是文学批评中更意味深长的一句玩笑话。

对利维斯来说，智性创造和自我实现不是从日常生活的任务中剥离，而是恰恰要从这些任务中汲取力量——不过关于男性是否也应该觉得哄娃这种事是有益于智性发展，她未置可否，这不免有点可惜。[46] 和利维斯一样，弗雷恩也不太同意“让仆人为我们打杂”。他认为，“在一个社会中，一部分人通过把他们的家务转移到另一部分人身上来购买他们的自由时间，这是不公平的”。[47] 不过对于利维斯来说，我们很多人卸下令人不快但又不得不做的日常工作负担，不

① “客厅”波希米亚主义指一种生活方式或者艺术风格，起源于19世纪末20世纪初的欧洲。

仅是不公平的，当繁忙的工作迫使我们这样做时，我们还错失了生活的很多美好。我们曾经误以为工作就是生活，但我们现在知道生活就是待在家里。

这并不是要指责弗雷恩在理论上有什么特别的疏忽。这只是反工作写作的一个结构性问题。虽然后工作假设的目的是要把我们从物质需求和使我们从事烦人工作的有缺陷的道德主义（faulty moralism）中解救出来，但它是通
25 过提出“下班后”有更好的生活来实现的。什么使生活更美好，这要由反工作作家来定义；而要做出这样的定义而不使其悄然变成某种规定，是非常困难的。每当反工作写作被迫具体说明个人一旦不再为获得薪酬而工作，甚至超越我们迄今为止所关注的家庭和社会生产性工作的简单事例，这个问题就会浮现。例如，近些年其他反工作作者（如弗拉塞、尼克·斯尔尼塞克[1]和亚历克斯·威廉斯［Alex Williams］、海伦·赫斯特［Helen Hester］和索菲·刘易斯［Sophie Lewis］）所设想的未来，都避免将护理和

① 尼克·斯尔尼塞克（Nick Srnicek），加拿大作家、学者，主要研究领域包括科技、政治经济学和哲学等，代表作有《平台资本主义》等。

社会再生产活动理想化，他们回到如费尔斯通等第二波女性主义者之前的呼吁，即“全自动化”也应该扩展到这类工作。[48] 他们认为，大多“高度私人化和令人尴尬的护理工作……由机器人来完成可能会更好”，甚至“怀孕的痛苦和折磨也将成为历史，不再被神秘化为天职和美”。[49] 然而，这只是把问题推后了一格。如果我们（主要）不是在照顾婴儿和老人，那么我们在做什么？

这种困境的典型范例可以在马克思本人身上找到。在《德意志意识形态》的一句话中（每个反工作作家早晚都要引用的一句话），马克思提出，在理想的情况下，共产主义将使人们有可能“上午打猎，下午捕鱼，傍晚养牛，晚饭后从事批判——只要我想做”。[50] 我们将在第四章看到，一 26
些理论家想要决定人们该如何利用自己的新自由，而对于其中的危险，马克思并非不知；一些反工作的作家也沿袭了他的保留态度，拒绝做出预测，而是把重点放在要求上。[51] 然而，马克思著作中有许多这类陈述，足让崇拜他的人道主义者视他为追求个人解放的一类哲学家，其核心价值似乎确实有预先设定：

> 马克思，这个每年都会把埃斯库罗斯和莎士比亚所有作品都重读一遍的人，用自己的一生活灵活现地演绎了人类思想中的巨作，但他绝不会料到，他的社会主义思想竟会被解释为，其目标［仅仅］是建立让人衣食无忧的“福利”或“工人”国家。在马克思看来，人类在历史进程中创造了一种文化，即，当人类摆脱的枷锁不仅仅是经济贫困，还有异化造成的精神贫困时，人类就可以自由地创造属于自己的文化。[52]

从钓鱼到阅读埃斯库罗斯的作品，这些惬意的人类活动完全是由我们所谓的“生产性享受”（productive enjoyments）组成的，这种关联并非偶然。这不是早上看蜡像和幻灯，下午读廉价小说，晚上喝杜松子酒（毫无疑问，所
27 有这些活动都必须作为被异化的“精神贫困”之消遣而予以放弃）。尽管他们意识到了这个问题（如我们在第四章中所述），斯尔尼塞克和威廉斯的类似陈述也同样不得不让我们相信这些事的“生产性”：“休闲（leisure）不应该和闲散（idleness）混为一谈，因为许多我们最喜欢的事情都需要付出很多努力。学习乐器，阅读文学作品，与朋友交往

和参加体育活动，这些都需要不同程度的努力。”[53] 因此，在弗雷恩看来：“缩短工作时间将为政治参与、文化创造和欣赏以及工作之外一系列自愿和自定的活动的开展开辟更多空间。”[54]

欧文·哈瑟利比较了马克思的两位直接继承人威廉·莫里斯和奥斯卡·王尔德所设想的后工作乌托邦，指出“莫里斯想象每个人都成为乡村工匠，而王尔德则想象他们都成为悠闲的博学者”。[55] 然而，这二人的共同之处在于，反工作的典型修辞有赖于如下理由：我们应该取消工作，不仅因为它是不公正的、不必要的和有害的，还因为我们可以自由从事对我们无疑有益的其他活动。但对有些人来说，即使是新的休闲活动本身——无论是莫里斯的手工艺设计、王尔德复兴的新艺术，① 还是马克思阅读的埃斯库罗斯作品——都会被视为一套完全异化的任务本身。我们将在第四章中讨论几位反工作的作家，他们试图反其道而

① 威廉·莫里斯创造和推崇的手工艺注重细节、色彩与图案的协调，强调人与自然之间的联系。奥斯卡·王尔德提倡创造新的艺术风格，强调个人表达、审美主义和对自然之美的追求，在 19 世纪末至 20 世纪初的英国文化中产生了重要影响。

行之，即主张废除工作，同时无意去规定那些被解放的人
28 的“文化”生活（抑或解决随之而来的问题）。到目前为止，我们注意到，我们的目的并不是要全盘否定各种美好生活愿景的内容；毫无疑问，许多人会觉得上述反工作作家提出的休闲活动很有吸引力。问题在于，追求“美好”的根据是一套未经审视的道德和文化律令。因此，后工作愿景有向人道主义让步的危险——这种人道主义不会尊重我们无法知晓他人渴求的事实，即使基于美好生活的共识（如果真的存在）易于改变，这种人道主义也不会被予以正视。

文学的共产主义

工作的意义总是超越自身，不论是在社会、文化还是政治方面。对于本章第一节介绍的“非功效”思想家来说，“工作”的概念和实际经验塑造了我们反思自身的方式；尤其是南希，在《不运作的共同体》（*The Inoperative Community*，1991）[1] 一书中，描述了不同的政治模式下，工

① 国内对该书名另有“无用的共通体”这一译法。

作是如何构建人类共同体观念的。共产主义是南希最常用的一个例子。对南希来说，共产主义基本上建立在一个人类共同体的理想基础上，共同体内的人们被定义为“生产者，从根本上说，他们以劳动或工作的形式生产自己的本质”。[56] 你的劳作成就了你，或者更确切地说，你的劳作同 29
时描绘了“人类俱乐部”（human club），并证明了你是其中的一员。

南希认为，在共同体的背景下，工作总是产生这种意识形态上的加班，无论是纳粹法西斯主义，还是为南希提供现实研究背景的 20 世纪 80 年代的新自由主义。威廉·燕卜逊在《田园诗的几种形式》（*Some Versions of Pastoral*，1935）中讨论与 20 世纪 30 年代持久的失业有关的政府宣传时，也提出了类似的看法。燕卜逊讨论的一张海报上有一个拿着凿子的工人，以及“男性重返工作岗位”的令人欣慰的统计数据：“接受这张图片，就会觉得技术工人的利益与他在阶级体系中的地位以及英国外交政策在寻找市场方面的成功联系在一起。”此外，燕卜逊还说，这种充满护身符意味的工人形象使其同业者相信，“在这样的状态下，他是自然人（Natural），这将促使自然（Nature）带领我们发展”。[57] 因此，燕卜逊将海报呈现的内容称为“神话”作品，它让其 20 世纪 30 年代的受众满足于当前的劳动和阶级安排，并认同以政府和国家的形式展现的政治现状。

在南希看来，这种对工作护身符式部署的问题在于，作为共同体的“调节性理念”（regulative idea），它即便看似身处非极权的背景下，却也在结构上具有极权主义倾向。“经济联系、技术操作和政治融合（融入一个团体或从属一位领导）”都成了实现共同体之本质的必要方式。[58] 南希坚
30 持认为，这必然是一件坏事，它导致了集中营、古拉格和难民拘留营，以及形式更为隐秘的暴力的产生。工作之功效是为了让共同体有僵化且明确的边界。移民遭到左派和右派的利用，要么被视为就业市场的威胁，要么被视为特定经济带的福音，在今日的政治话语中，移民可能是让工作“发挥效用”的最明显和最常见的方式；同时，是否有一份安排好了的工作通常会决定公民身份申请的成功与否。对南希来说，问题在于是否有可能设想一种非强制的工作形式，同时伴有一种拒绝本质主义和排他性的共同体。南希自己出人意料的答案是“有”，而且其中的一线曙光可能是“共产主义的秘密”，例如，在上文讨论马克思的做法

中，他承诺“自由王国，会超越对必要的集体规约，其中剩余劳动不再是剥削工作，而是艺术和发明”。[59] 根据南希对马克思的解读，后工作社会模式承诺给每个人的大量自由时间，似乎正是一个共同体抵制极权主义所需的东西。

在这里，“艺术和发明”必须肩负起重担——它们何以具备这样的力量，在一个特定的共同体中消除工作理想在结构上的保守功能？我们已经提出，反工作作家在描述我们在后工作乌托邦中要做什么时，往往会涉及那种创造性活动，而这类活动最终会包含他们自己“类工作”（work- 31
like）的规定特质，这于“非功效”很是不利。更泛而言之，流行文化一直对“创造力”这个概念持怀疑态度，无论其定义多么宽泛，它都可能成功地取代有偿劳动，成为任何一种社会生活结构的一种方式。有一种根深蒂固的怀疑通常会作为对全民基本收入等后工作主张的本能回应，认为人自主的创造力必然会导致懒惰或混乱的幼龄化。19世纪的资产阶级文学也反映并支撑了这一观点。在查尔斯·狄更斯的《荒凉山庄》（*Bleak House*，1853）中，半吊子艺术家哈罗德·斯金波尔与其众多热爱艺术的子孙生活在一个另类世界中，他们画着未完成的素描，哼着半成品的小曲，仰望天空；他们都靠斯金波尔那些稍微有钱的朋友施舍过活，朝不保夕。作者在小说中没有丝毫客气地怀疑这种生活状态的不道德性。小说不仅强调了斯金波尔对其施恩者的剥削，还坚持认为他幼稚地拒绝有偿劳动，完全就是一种不道德、不负责任的表现——这导致了小说最后多场悲剧的发生。这位艺术家及其家人拒绝为钱而工作，这种做法可能会破坏社会结构，因为这会导致剥削并最终摧毁他人以及他们赖以生存的道德秩序。

以艺术之名反对工作的那些人，我们已经知道要去怀疑他们的哪些方面：不仅仅是其带有的那种寄生主义，还有更深远意义上的对公民身份概念本身的冒犯。这可以从
32 针对那些在现实生活中建立自己的共同体的普遍敌意反应中得到证明；这些共同体存在于现代资本主义内部，但又独立于现代资本主义之外，其目标是以这样一种方式分享劳动：为其所有成员创造尽可能多的时间用于“艺术和发明”。现代乌托邦式社会主义公社，至少自欧洲社会主义者19世纪定居在加利福尼亚以来就一直存在，媒体和小说对他们的描述分为两种：最坏的一种，认为他们是邪教和法西斯；最好的一种，就是认为他们是天真妄想，就像斯金

波尔和他的家人那样。[60] 在电视剧《广告狂人》（*Mad Men*）的一集剧情中，罗杰·斯特林——剧中一家富有创意、充满活力但相对弱势的广告公司的老板——于 1970 年与他长大成人的女儿在一个嬉皮公社①度过了一天；他女儿为了逃避资产阶级母亲身份的束缚而躲到了那里。他最初似乎被公社无忧无虑的生活方式所吸引，在那里“每个人都做他们想做的事”，但那些削土豆的怀孕女子，她们的生活就是围着一个除了拥有一辆卡车外几乎不干活的年轻男人打转。罗杰得出了一个不言而喻的结论：公社的平等主义伦理是微型父权秩序的幌子，因此他试图将女儿带回他自己的“真实”世界——一个邪恶程度较低但坏得更直白的世界，但他失败了。

这些隐喻内含的一致敌意证实了自主创造可能取代工作这一提议所展现的挑衅。这个想法常常引发激烈的抗议，它展露出一种本能的理解和恐惧，即改变工作的意义必须同时改变政治、共同体以及人类生活的原则。这正是南希 33

① 指 20 世纪 60 年代末至 70 年代初在西方国家兴起的一种反传统，追求自由和个性化生活方式的文化运动。

要我们接受的风险，他认为马克思著作中关于空闲时间的概念基础为“艺术和发明”——作为“自由王国”，作为一条通往“非功效”的道路——提供了空间。这不仅将我们从不需要的工作中解放出来，还将我们从不运作的国家、自我和劳动的传统观念中解放出来。

要理解如何做到这一点，我们需要转向南希关于“存在”（being）本身的哲学思想。南希认为，当一个国家、一个自我或人的劳动产物——比如一件艺术品——被呈现为“完全分离、独立和封闭”的状态时，这就是一个基本存在论的错误。[61] 无论是工作者、国家还是“作品”，都无法完全脱离世界其他部分而存在。南希指出，除非有其他的“我”，否则我们甚至不能以任何有意义的方式说“我”，即使在某些时候，其他的“我”就像我们脑海中的声音一样微小。南希指出，“孤独”，“是一种伪装”：我们从未真正孤独过，我们只能是“多元独体”（singular plural），正是多于一的复多使独体首先成为可能。[62] 这可以帮助我们理解，为什么小说常常会想要制造一个孤立的人（唯一的幸存者），却又常常放弃了这个想法。只要有一个人，其他人就会以某种形式出现。即使这些人不在席，人类文化的散落物也会赫然出现，就像科马克·麦卡锡的《路》（*The Road*，2006）中的食物罐头，或者丹尼尔·笛福的《鲁滨 34
孙漂流记》（*Robinson Crusoe*，1719）中的脚印、食人者留下的人类内脏，抑或书中鹦鹉学舌的空洞人声。对南希来说，这适用于最基本的物理层面——作为独体的生命体只有在接触点上、在将自身向其他生命体和抵抗物暴露的极点上才存在并体验自身的独体性。“共同体意味着，”南希总结说，“如果没有另一个独体的存在，就没有任何独体的存在，因此，存在着一种原初的或存在论意义上的‘社会性’（sociality）。”[63] 我们从来都不是单独的——我们从来都不会单独工作。

南希的观点不仅否认了个体的自主独立性，而且排除了个体通过参与一个更大的实体（全人类或地球上的所有生灵）对自我超越的可能。这两个否认立场与上文讨论的伍尔夫和利维斯之立场相关。虽然“一间自己的房间”无可否认是专心写作的一项良好的物质前提，但它也是一种不受外界干扰的自由的象征，代表了伍尔夫所在的布鲁姆斯伯里团体支持的那种现代个人主义。正如雷蒙德·威廉斯所言，布鲁姆斯伯里团体一针见血地指出他们并非真正的团体，而只是作为个体的艺术家和思想家的集合，他们在艺术、政治和经济方面繁多而一致的努力都是为了确保“文明”个体的自主和自由表达，而不是去改变整个社
35 会。[64] 虽然伍尔夫假设中房间的门挡住了楼下的家务，但它也回避了关于房间里的创作者需要高质量的独处的问题：把“一间自己的房间”作为自由的化身的问题在于，它是“一间自己的房间”。相比之下，利维斯将家务和育儿作为过“自己的”生活之表现，认为日常工作的枯燥无味通过家庭精神提供了与文化本质之间的融合。

在南希的共同体观点中，独体式存在一直是独体的存在。南希的观点提供了一种同时思考独体性和多元性的方式，即“多元独体”。南希向我们展示了这样一个世界：这个世界作为一个统一的整体并没有意义，而只是在制造和重塑不同而独特的，但不是个体的独体（individual singularities）的分界处才有意义。在每一个瞬间，单独的生命分享他们的界限，“在他们的界限上分享彼此”。[65] 南希的“多元独体”观点不仅指出门如何引发了伍尔夫的思考，家庭洗衣房如何催生了利维斯的观点，还指出了还有哪些“共同的界限”（shared limits）通过物化而变得不可见了，

以及它们所支撑的文化——分别是中上层阶级的个人主义和资产阶级家庭。

南希的语境性、差异性逻辑与其他后结构主义思想家的研究有很多共同之处，特别是其好友雅克·德里达的研究。和德里达一样，南希坚持认为，意义并不依附于本质，意义产生于分界处——生物体之间的分界、客体之间的分界，以及语言这样系统的分界；在某种程度上，德里达所 36
说的延异（*différance*）和印迹（trace），正是南希所谓的共同的界限：是词语之间的空间产生了意义，就像“你”和“我”之间的“之间”产生了两个相互定义的独体（singularities）。两人都坚持认为，由于这种差异倍增的逻辑，一个语言系统，就像一群生物一样，永远不会完整，也不会与它的多重外部隔绝。[66] 南希自己对这些观点的看法突出表现在，他坚持认为这种差异性逻辑就是共同体本身，共同体要被理解为一种交流的形式：“交流是一种暴露的基本事实，它向定义独体性的外部进行暴露。”[67] 如果这意味着我们除了（交流）我们的差异之外没有任何共同之处，那么对南希来说，这就是“无共同之处”的对立面，因为只有共享界限，或共-在（being-with），才能描绘出特定时刻的多元独体。

所有这一切都相当于“非功效”的原因是，在我们的界限将自我向他者暴露会招致“在其中改变身份的风险（或机会）”。[68] 对南希来说，“艺术和文学”在这方面与人没有区别；事实上，它们是“多元独体”和“不运作”的特殊范例，大体可作为生活的逻辑。文学作品显然是特殊性的例子，因此也是独体性的例子，但这种独体性只存在于一种共享的语言内部；同时，它的存在改变了这种语言的形态，也改变了其中可言说和可想象的内容，这也是为
37 什么我们在未来也无法走出这些共享和倍增的界限。德里达在写到“文本之外别无他物”（there is no outside of the text）时，“恶名昭著地”提到了这一点。[69] 人和书本一样，为了存在而相互依存；书之封面和人之皮肤都是些有褶子的界限，而不是绝对的容器。

那么，这将是文学的共产主义；承认共同体是风险，也是机会——在与我们周围的其他人、物和故事的多重界限上改变身份，但也是在这些界限上积极追求相遇。南希从马克思对“艺术和发明”之日常空闲时间的认可中看到了希望，因为在这里，正如我们所料，艺术成了替代缺失

部分的占位符，来测试一种一般性的自由，其发生的场域不是空地，而是在与界限的相遇中。这些界限非常关键，因为它们将会改变你的形态。就其中对未来的设想而言，它并没有透露太多细节；与将“自由时间”设想为个人主义自由或家庭追求不同的是，它聚集了巨大的创造潜力，它想象人们吃得足够好，过得足够舒适，就可以将追求创造性差异作为快乐和创造性自我改变的来源。文学的共产主义的政治意义在于南希在共同体和工作之间建立的联系，它应该有助于我们来反对本章所讨论的对工作的怀旧。如果工作具有南希描述的那种在共同体中的结构化功能，那么，联系同样会出现在两方：一方是一类工作，它们将许多人排除在它们的利益之外，同时又将自己标榜为唾手可得的工作；另一方是一些国家，它们在向世界宣告开放的同时，建起了坚不可摧的边界。因此，另一种形式的工作 38
不是在鱼死网破的就业市场上的奖赏，而是一种基于创造性分享界限的生产形式，这种工作可能会使各种形式的共同体更能接受其多变且多重的边界。

39

第二章　工作驱逐

卢西安·弗洛伊德在1994年至1996年间为就业中心的雇员苏·蒂利（Sue Tilley）作了四幅画。这段渊源产生的最著名的作品是《沉睡的救济金管理员》（*The Benefits Supervisor Sleeping*，1995），现由罗曼·阿布拉莫维奇持有。① 这幅大型油画描绘了一个真人大小的中年蒂利，她赤身裸体，身体臃肿，肌肤雪白，短发，在一把破烂的沙发上睡着了。要阐释这幅画很难，它再现的蒂利在政治和性别方面都是含混的。或许可以把该画当作弗洛伊德创作项目的一部分——将人体还原为非理想化的一堆肉体。这

---

① 卢西安·弗洛伊德（Lucian Freud，1922—2011），英国最伟大的当代画家之一，偏好人物画像与裸体画像。罗曼·阿布拉莫维奇（Roman Abramovich，1966— ），俄罗斯亿万富翁，以其成功的商业投资和拥有英超联赛球队切尔西足球俱乐部而闻名。

个项目的巅峰创作便是那幅著名的官方肖像画《女王伊丽莎白二世陛下》（*HM Queen Elizabeth II*，2000—2001）。爱国主义创作中传统的媚俗现实主义换成了君主脸上具有刻薄男性气质的肉欲感或纯粹的肉感。《沉睡的救济金管理员》同样颠覆了被理想化的女性裸体的传统。人们会由此 40
想到1914年女性主义者玛丽·理查森（Mary Richardson）在英国国家美术馆破坏的委拉斯开兹的《洛克比维纳斯》（*Rokeby Venus*）。弗洛伊德的画拒绝了艺术史上传统的理想化凝视，它让自己成为女性主义可以挪用的工具，或许甚至在庆祝一种自信的存在——人之物质性的膨胀。但与此同时，这幅画中潜在的厌女症也很难避免。厌女的经典作家——从乔纳森·斯威夫特到马丁·艾米斯——都拒绝将女性的肉体理想化，当然，我们也被邀请去感受蒂利的令人生厌。但这幅画并没有给我们任何这样的感觉。如果你觉得不适，那是你的事。有一些艺术作品，其效果不是来自它忠于"内部"的某种特定偏见——作为具有既定规则之审美惯例的一部分，而是来自它下注这种偏见只"外在"于其观众。这幅画就是其中之一。[1] 这便是张力所在。没有人可以对另一个人的身体保持中立态度。

《沉睡的救济金管理员》是“非功效”的视觉化典范；
“非功效”是前一章中讨论的关于“无工作状态”（work-
lessness）的哲学概念。它在对传统裸体的理想化的抵制
中，示意了作品（the work）的缺席，在这个意义上，它
否定了本件艺术作品可以拥有和伟大杰作或古典美之化身
一样的地位。同时，在其内容上，以失业的意义来理解无
工作状态的话，它似乎陷入了两种政治立场的拉锯。“左
派”会将救济金管理员解读为一种关于体制虚伪性的讽喻
（allegory），这个体制一边命令我们工作，一边却又以一副
41 无所事事的姿态绘制自身。瓦尔特·本雅明认为，在弗兰
兹·卡夫卡的小说中，政府工作人员总是以某种方式偷懒，
他们邋遢、马虎其事，以至于“人们几乎可以将他们视为
巨大的寄生虫”。[2] 满是膘肉的身体和满是隆起的沙发彼此
相称，这不就是卡夫卡的风格吗？格里高尔·萨姆沙醒来
时成了一只“巨大的甲虫”，蒂利醒来时成了一把巨大的沙
发。持右翼主张的人在观赏这幅画时，可能会被这位救济
金管理员在沉睡中那只托起乳房的母性之手所吸引——这
将她变成了一位糟糕的、霸道的母亲，成了保姆式国家的
象征（也许，同时也是依赖福利生活的单身母亲，是时任

总理约翰·梅杰“回归基本”计划[①]中恼人的部分)。同时，通过呈现似胎儿在子宫内的姿态，她成了一种失业的道德化身：一个被不负责任的父母用垃圾食品喂成过度肥胖的孩子。

1978年至2015年间，蒂利在伦敦北部和中部的就业中心工作。她刚工作的时候，恰好是在西方政治话语中就业地位转变之际，这种转变标志着20世纪80年代新自由主义转向；她离职的时候，英国正处在新的保守党多数派政府混乱地推出“全民信贷”(Universal Credit)的前夕：“全民信贷”旨在将低工资者的税收抵免福利与针对失业和丧失工作能力的福利合并。[3] 回到这幅画来，蒂利在1997年 42
新工党获胜前连续好几年担任弗洛伊德的模特，我们认为，画中发现的含混性，在当时失业的政治状态中也有更为普遍的体现。

---

① “Back to Basics”，梅杰在1993年的保守党大会上提出了“回归基本”计划。尽管它是对“邻里、体面、礼貌”等传统价值观的怀旧呼吁，但媒体将其解读为针对传统家庭的社会保守事业的一项运动。当一连串的保守党政客丑闻曝光时，该计划成了人们嘲笑的对象。

正如南茜·弗雷泽和琳达·戈登[①]当时所论述的那样，这些年“社会福利依附”（dependency）概念的长期变化达到了高峰。在17世纪，“户外”（非住家）仆人的独立性（independence）使他们成为焦虑的对象（“就像今天‘福利母亲’反常的‘依赖’[dependence]一样”）。相比之下，在工业时代，“那些渴望成为社会正式成员的人必须将自己与贫民、原住民、奴隶和家庭主妇区分开来”——现在每个人都被视为新出现的且讨厌的依附概念之化身——“以构建他们的独立性”，即当前最理想的境况。虽然高度工业化和战后福利体系的家长作风可以找到一些办法让某些群体的依附看上去是合理且合规的（例如，妻子和孩子在家庭中被视为“受抚养人”[dependants]），但弗雷泽和戈登认为，新自由主义盛行的20世纪80年代和90年代正在侵蚀这个术语所有的积极同源词，并着实增加了新的消极同源词。在化学制品、药物和酒精依赖的新话语中，依赖性作为一个经济学术语，与药物学中的相关词义是可以互

---

① 南茜·弗雷泽（Nancy Fraser）和琳达·戈登（Linda Gordon），当代女性主义政治哲学家。

换的。[4] 今天，我们在“福利依附”（benefit dependency）的论述中看到了这种彻底的混淆；“福利依附”属于经济学和 43
心理学的范畴，有些人甚至认为这属于神经学上固有且具遗传性的范畴，只有通过控制失业人员的生育权利才能解决。[5]

然而，尽管这些人和他们的追随者在意识形态上促成了 20 世纪 80 年代和 90 年代初的失业状况，尽管他们的政策大大增加了失业，但值得注意的是，这一时期的右翼政府仍未能实质性地改变福利结构。[6] 福利女王①是里根总统任期内为削减福利热衷使用的靶子和辩护，而撒切尔主义的问题是，面对其新政导致的大规模失业，他们采取“骑上单车去找你的工作吧”的麻木不仁的态度。尽管福利贬值，资格要求收紧，但撒切尔时代实际上代表了英国国家支付的无条件福利的巅峰，包括对失业者的福利。[7] 第一波新自由主义追求所有生活领域的货币化和市场化，却在“非功效”的最后一道障碍——失业本身——上栽了跟头。相反，在美国和欧洲的部分地区，过去的左派政党倒是监

① welfare queen，又称“福利大妈”，即“福利依赖者”，通常指女性。这个词在 20 世纪 80 年代新右派福利政治中开始流行，用来批评那些滥用福利制度的人。

督起了这最后一次对福利政策的推动，抓住了他们皈依新自由主义正统的“宝中宝”，作为他们在长期脱离政府后重新掌权的条件。对于比尔·克林顿的新民主党来说，他们的计划是“结束旧福利”；（我们下一节会重点谈到）托
44 尼·布莱尔的新工党“将福利国家的制度‘改革’推向甚至比撒切尔政府和梅杰政府更深的层次”。[8] 在德国，格哈德·施罗德的社民党在 21 世纪初推行了同类改革计划，即“2010 议程”和“哈茨四号”。

失业状态的终结

新工党上台后，提出了一套“新政”方案（针对单亲父母、那些领取残疾福利的人以及年轻人，结合了义务培训、工作方案和一些许可），旨在平衡新的最低工资和国家对儿童保育倍增的资助。“求职者协议”① 在约翰·梅杰政

---

① 在一些国家或地区，政府会要求失业人员签署“求职者协议”（Jobseeker's Agreements），以便其领取失业救济金。该文件通常包括求职者需要遵守的规定和义务，例如每周必须申请一定数量的工作岗位、参加培训课程等。

府末期被引入，开始将失业者重新归类为“求职者”，这将决定后续的政策。从此时起，福利的发放将需要满足很多条件，而失业将被重新设计为更像是一种工作。虽然我们对这些变化的意识形态基础做出了批判性说明，但如果低估了失业的痛苦，那就太无情了；显然，新工党中有些人出于好意，希望给边缘化人群带来更多的机会。与此同时，新自由主义自20世纪70年代末期以来就在重新结构经济模式，政府尝试将上涨的物价或增加的工资等压低到原来的水平（rollback），很难想象一个拒绝上述模式的政党该如何有效介入人民的生活——这些人的传统工作机会已然消逝。由于缺乏手段更为系统地干预那种实际上唾手可得的工作，新工党依赖于一个不成熟的、去政治化的、有时 45
很委婉的词来谈论“求职”的概念，为具有破坏性和有悖自由的影响创造了条件，这些影响产生的效果在以后才会全面显现。顺着我们的批判思路，首先，新工党按照一个令人不解的“共同体”规范工作，并且——重复了让-吕克·南希所指出的习惯——使工作与共同体成员的身份相符合。其次，它以典型的新自由主义的方式，试图利用福利政策作为杠杆，来创作一种有能力应对这些状况的新型主体，而新工党本身对此却无能为力，甚至还暗地里维系这些状况。

文化批评家斯图尔特·霍尔早些时候就注意到了“布莱尔哲学”的两个方面——其“社群主义的（communitarian）一面”及其“现代化、目标化、道德化的一面”——存在根本的冲突和差异。霍尔说：

> 我们很难一边热切地相信“共同体政治”，一边又坚定地认同政府的任务是“助人自助”这一观点，尤其是当两者的实施方式经常指向截然相反的方向时。[9]

46 回归新工党共同体的代价是，同意被改造成最积极反社群的企业主体。当共同体成为新工党的“关键主题”和“关键的集体抽象”时，它的二元对立面是“社会排斥”（social exclusion），这是对长期失业的重新表述，类似于将失业者重新定义为求职者。[10] 根据露丝·莱维塔斯的分析，新工党和欧盟（2000 年后）对“社会排斥”这一概念的用法使得任何政客或团体在使用这一概念时，其思想传统都变得模糊不清。究其学术起源，社会排斥属于广义上左派的“再分配论”（redistributionist discourse），广义上右派的“道德底层论”（moral underclass discourse），以及侧重公民身份和工作的欧陆“社会融合论”（social integrationist discourse）。每种派别都认为贫困的社会影响不仅仅是收入低，但针对这种影响的构成以及如何补救，却有着完全不同的（和高度冲突的）想法。[11]

这一术语的政治含义的模糊化产生了深远的意识形态影响。新工党新成立的“社会排斥小组”（Social Exclusion Unit）在命名上采用了特别的管理术语以遮掩以下事实：它有时会利用“道德底层”传统更为非人化和“受害者有罪论”（victim-blaming）的框架。美国政治学家查尔斯·默里（Charles Murray）是研究这一趋势的主要学者。他认为某些类型的贫困是遗传性的（这意味着福利计划必然会失败），黑人的平均智商较低是天生的，而这种言论并不妨 47
碍他受到新工党中一些人的热烈欢迎。[12] 当然，他对“下层阶级”词汇的本质化和生物化主导了英国媒体对该党政策的表述。另一个问题是，社会排斥的隐喻总体上错误地暗示了一个主要的“被包容的”社会群体没有遭受这样的问题，而事实上，“被包容的”就业群体之间的不平等是相当严重的，而且在许多“被包容”和绝对“被排斥”之间的分界是非常脆弱的。至于“共同体”——既是解决被排斥者问题的良方，也是他们的预期目的地——任何试图具体说明其所是之人，最终都会参考理查德·西摩所描述的“50年代郊区的价值观”。[13] 对长期失业者脱离公民身份的担忧也在自我应验，因为它允许以宵禁和反社会行为令的形式，对住宅区、工厂区和城镇中心的日常生活进行超乎法律和限制自由的刑事化管理，进一步疏远和污名化“被排斥的”人。关于这些人会失去公民身份的恐惧，恰恰成了将他们处理为次等公民的理由。理查德·鲍尔·赛义德将这当作新工党修辞中的一种一贯模式，凭借这种方式，那些具有部分激进色彩和左翼传统的想法变成了去政治化甚至是极端保守倾向的幌子。[14]

48 彼得·曼德尔森①总结道，这种做法“不仅仅关乎贫困和失业。它也关乎要远离我们其他人所认定的正常生

① 彼得·曼德尔森（Peter Mandelson，1953— ），英国工党政治家，与托尼·布莱尔及戈登·布朗等人一样，被视为20世纪90年代重新塑造“工党”成为“新工党”的关键人物。

活”。[15] 但所谓的“正常生活”并不是一成不变的。相反，它是在不断构建和加强的。这个问题或许可以从安东尼·吉登斯（Anthony Giddens）那里得到更好的理解。这位著名的社会学家作为新工党“为数不多的军师”之一，竭力为布莱尔广泛的机会主义计划提供智力支撑。[16] 吉登斯在新工党之前的著作已经预示了其独特的世界观（*Weltanschauung*）。“在高度现代性的状况下，”吉登斯在 1991 年写道，“我们不仅都遵循生活方式，而且重要的是，我们还被迫这样做——我们除了做出选择便别无选择……［而且］个体所处的环境越是后传统，生活方式就越关注自我认同的核心，它的形成和重塑。”[17] 与 20 世纪六七十年代伯明翰学派①提出的“亚文化”（subcultures）不同，吉登斯谈及的“生活方式”几乎不可能被那些最终生活在其中的人主动改变：它们只是被一个“后传统”文化强加于身，被呈现为不可改变的事实。同样，尽管指出了这种“我们除了做出选择

① 伯明翰学派（Birmingham School）是西方当代文化批评及美学学派，20 世纪 60 年代中期围绕英国伯明翰大学文化研究中心而形成，以研究通俗文化和媒体著称。

便别无选择”的制度的强制性暴力，吉登斯并没有像大卫·哈维在分析新自由主义时那样做出限定，即在这样一个制度中，我们“不应该选择建立强大的集体机构（如工
49 会）……［而且］绝对不能选择联合建立政党以迫使国家干预或消除市场”。[18]

将这种片面的文化与主体关系理论应用于福利时，只能得出这样的结论：“专断的福利国家无法让个体具备成功驾驭生活的必要能力”，福利必须重新调整，“以帮助个体应对新的和变化的风险”。[19] 确实，正如汤姆·斯莱特所描述的那样，在新工党的领导下，“工作福利主义政策被表述为‘选择’，‘客户群体’可以‘理性地选择’他们认为对自己最好的政策，哪怕‘待在家里享受全额福利’（借用戈登·布朗的说法）并不是一种选择”。[20] 如果说在新工党的“高度现代性”中，生活着实被体验为一团生活方式的旋涡，其中对主体“心理至关重要”的是将自己关入不断展开“风险预测”（risk profiling）的“保护性茧房”，以此获得在众多生活方式间选择的能力。这更多是关乎该党派的

执念——将一种消费者“选择”的拟像（simulacrum）①强加在生活中越来越多的领域，但却与吉登斯理论中的规范性之精度毫不相关。[21]

在实践中，要使失业者有资格驾驭“风险”，就必须把他们关入微管理的“茧房”，并将非工作转化为一种准工作。像苏·蒂利这样的福利工作人员被重新命名为“个人顾问”，“他们的工作需要追踪和联络申请者，帮助申请者早日回到带薪受雇的状态”，同时政府也付钱给民营公司让 50
他们负责培训计划。[22] 失业者实际上是被“投入工作”，因为对他们活动的管理成了另一个迄今未被货币化的生活领域，新近才被私人资本榨取。正如艾弗·索斯伍德所描述的那样，失业经历本身“变成了工作的翻版，有模拟的工作场所，打卡的时间，以及需要报告的经理”。[23] 这种变化可以被视为“为劳动而工作”（work-for-labour）的正式化，它或多或少总是环绕着劳动，即工作者为了能在劳动

---

① 该词最初由法国哲学家让·鲍德里亚（Jean Baudrillard，1929—2007）引入。根据鲍德里亚的理论，现代社会充斥着各种拟像，而这些拟像已经超越了原本所指代的对象或概念，即，我们生活在一个由虚假、表面和仿制品构成的世界中。

力市场上出售自己的劳动力而从事的工作。只是现在，它被赋予了一个老板、一个工作场所和——以福利为名义重新隐性定义的——一份工资。[24]

斯莱特概述了“大量跨学科的经验性①和理论性的文献”，这些文献显示，美国的福利改革为英国发生的这些变化提供了模式：“不是让人们摆脱贫困，而是将他们从福利名单中移除，极大地扩大了有工作穷人和无工作穷人的范围，并以几乎所有可以想象的方式对他们的日常生活产生负面影响，加剧社会现有阶级、种族和性别之间的撕裂。”[25] 正如我们在本章最后一节所述，这种影响在后续政府中得到了实现，由此名正言顺地用全新的词汇来谈论就业和失业。

51 “我宁愿不”

在帕特里克·凯克-布莱斯（Patrick Kack-Brice）执导

① 经验性文献是指以经验为依据，通过观察、实验、调查等方法获取知识、数据和信息的文献。

的恐怖电影《林中怪人》(*Creep*，2014)中，一位有抱负的电影导演接受了一份网上发布的工作，对方要求他开车去一所林间小屋，为一位据称身患绝症的雇主拍摄一部纪念片，留给他未出生的儿子。观众看到的是一部“拾得影片”(found footage，伪纪录片的一种)。随着工作推进，雇主的古怪行为变得越来越令人不安，可以说，影片的结尾透露了这位雇主是一个连环杀手——他关上了装满受害者DVD的柜子，而这些受害者实际上是被骗去拍摄他们自己的死亡。因此，《林中怪人》颠覆了此类元恐怖片(meta-horror movies)的基本文本逻辑，这类电影包括阿尔弗雷德·希区柯克的《惊魂记》和迈克尔·鲍威尔的《偷窥狂》(均拍摄于1960年)。在这些电影中，镜头和凶手的凝视之间令人反感的亲密关系，产生了将电影和谋杀等同起来的效果(尤其是在《偷窥狂》这种片如其名的影片中，谋杀者的刀片被固定在一台摄像机上，以便录下受害者的最后时刻)，而在《林中怪人》中，电影制作本身的隐藏工作者才是猎物。

从某种程度上说，相比于元电影（meta-cinema）[①]《林中怪人》，它令人想到的一个真实的美国案例则更像是一部电影。2011 年，理查德·比斯利（Richard Beasley），一个逃过了卖淫和贩毒指控的落魄传教士，决定在金融风暴后
52 变得普遍的非正式网络经济中寻找一种新的方式来维生。[26]
比斯利在克雷格列表网（Craigslist，一个匿名提供商品和服务广告的平台）上做广告，声称要为俄亥俄州一个僻静的农场寻找长期看守员，“这个农场主要充当狩猎保护区，那里到处是猎物”，有“一个三英亩放养池塘”，“一些肉用牛”，“最近的邻居在一英里之外”。比斯利对一百多号申请人逐一进行了面试，并按照年龄、家庭亲子关系以及与社区的联系程度进行筛选。一个又一个申请成功的候选人奉命开上自己的车，带上所有有价值的可以带走的财产，去见比斯利和他一个年轻的同伙。比斯利以这种方式杀死了三个人（另一个人逃脱了），变卖了他们带来的东西。这起犯罪事件代表了当时各种力量的一种陌异的结合。凶手和

① 指电影本身反思和探讨了电影制作过程、观众与电影之间的关系以及其他与电影相关的主题。这种类型的电影通常通过自我引用、元素重复、故事内嵌等手法来实现拍摄目的。

受害者在某种程度上都受2008年后经济衰退的影响，或者至少都是在经济衰退的情况下铤而走险；双方都接受了新兴数字“平台”经济的诱惑，在原本无法建立的关系中寻找业务。比斯利甚至能声称自己可以像一个完美的零工经济[①]企业主（gig economy entrepreneur）一样行事。他通过类似算法识别的方式确定了一支庞大的后备军，他们是群缺乏技能且失业的中年白人男子，未婚或离婚，无人惦念，并且他们深陷于比斯利唤起的不可能的美国牧歌，后来的事件在某种程度上也证明了这一点。[27] 唐纳德·特朗普正是这样吸引了一大批选民，他们的数量在俄亥俄州和锈带州压倒了民主党。

《林中怪人》中虚构的受害者是一个三十多岁的潮人， 53
似乎与比斯利欺骗的被社会遗忘者相去甚远，而这种差异在《林中怪人2》（*Creep 2*）中更加复杂。这次的电影主人公是一个年轻的“油管”（YouTube）博主，她回应了连环杀手令人不安的邀请，希望为她没什么起色的频道增添一

① “零工经济”（gig economy）是指一种以临时性、非全职性的雇佣关系为基础的劳动形式和经济模式，解决灵活就业群体对于弹性工作安排和增加收入来源的需求。

些看点。《林中怪人》对比斯利案件的改编暗含三重立场，将三者进行对比会产生一种关于不稳定性和个人脆弱性（personal vulnerability）的模式，它跨越了代际间和阶级间的界限。当观众在紧张的气氛中发出所有恐怖电影观影者都会有的惊呼“他为什么要留下?!”“你会离开的，不是吗?!”“趁早离开!”时，将这部电影解读为平台资本主义衰退的间接表达，同样也给出了一个隐蔽的答案。在零工经济中，人们很难对一份工作说“我宁愿不”，无论这份工作多么奇怪、多么冒险或多么不可能完成。

2011 年 11 月，比斯利在俄亥俄州阿克伦被捕的前几天，“占领华尔街”运动的支持者们在曼哈顿祖克提公园（Zuccotti Park）集体朗读赫尔曼·麦尔维尔的《抄写员巴特比》（1853），这是美国短篇小说的经典之作，也是反工作运动的图腾式文本。[28] 故事刻画了一个古怪而孤僻的法律文员，有一天他拒绝执行任何被训令完成的任务，仅仅重复回应：“我宁愿不”（I would prefer not to），这让雇主-叙述者感到很困惑。人们发现这个拒绝工作的“创始”人物秘密地住在他拒绝劳动的律所（在祖克提公园参与“占据华尔街”运动的人们声称巴特比“占据”了他们的思想），这最终导致他被捕并死在狱中。最后，叙述者-雇主听说巴特比以前曾在“死信办公室”（Dead Letter Office）工作过，负责销毁一类信件：在寄信人不知情的情况下，其收 54
信人在信件抵达时已然离世。巴特比后来的工作状况是由这种最令人痛心的异化劳动创伤造成的吗？虽然文本宁愿不给答案，但麦尔维尔不时暗示，这位资产阶级雇主兼叙述者压根无法理解其故事中的这一事件到底有何意蕴，尽管他在故事讲述中对巴特比的命运表达出极大的敬畏。

《抄写员巴特比》从“我宁愿不”中捞到的叙事好处，在《林中怪人》中全然丢失——在面临一份工作机会时，即使接受是不明智的，电影还是展现出逆来顺受的认可。然而，在说《林中怪人》是零工经济时代新版《抄写员巴特比》之前，我们应该稍停片刻。事实上，在麦尔维尔所处的时代，虚构中已经存在大量“反巴特比”的案例了。麦尔维尔的故事讲述了一次对工作出人意料的拒绝，可作对照阅读的则是另一类不那么著名却不断重复的故事，后者的表现力恰恰源自角色无法或不能像巴特比那样行动，或在不可能、荒谬、毫无吸引力、好得难以置信的工作面前像他那样拒绝。在此，我们可以把查尔斯·狄更斯的

《马丁·瞿述伟》（*Martin Chuzzlewit*）放进讨论中。汤姆·平奇被剥削他的雇主佩克斯尼夫抛弃后，前往伦敦，却发现一份工作机会已经在等着他。中介是这样描述这份工作的：

> “工资不高，每年只有一百英镑，不提供食宿，但
> 55 活儿不累，反正职位是现成的。正空缺，就等你来了。”
>
> “天哪！”汤姆惊呼，“一年一百英镑！”

这份工作好得难以置信，更奇怪的是，雇主给出的机会似乎是空穴来风：

> “这个故事最奇怪的地方……在这里。我压根就不认识这个人；这个人也不认识汤姆。”[29]

汤姆·平奇处境中所蕴含的哥特式或不祥的可能，在《夏洛克·福尔摩斯》系列谜团中都得到了开发，而它们都由以下类似对话展开：

如果这些人有奇怪的癖好，期望在最不寻常的事情上得到服从，他们至少得准备为自己的古怪行为付出代价。在英国，很少有家庭教师能挣一百镑的年薪。再说了，我的头发对我又有什么用？许多人留短发变好看了，或许我也应该试试。（《铜山毛榉案》）

有人竟会为抄写《大英百科全书》这样简单的事情支付这么多钱……真是不可思议。（《红发会》）

“我们认为您还是晚点来。为了补偿给您带来的不 56
便，我们向您这位无名的年轻小伙支付了一笔费用，这笔钱可以从你们行业的头头那里买到一份期权。当然，如果您想退出这个行业，还有很多时间可以这样做。”

我想到那五十个基尼，想到它们将来对我大有用处。

“好的，”我说，“很高兴能为您效劳。”（《工程师大拇指案》）[30]

在布拉姆·斯托克（Bram Stoker）的《德古拉》（*Dracula*）一书开头，乔纳森·哈克（Jonathan Harker）在特兰西瓦尼亚（Transylvania）的经历越来越糟糕，但这并没有迫使他放弃他的任务：

> 我究竟开始了一场怎样的残酷冒险？一位律师的书记员的例行公事难道就是被派去向一个外国人解释在伦敦买了一处地产的事吗？[31]

有一类“不接受”（don't take it）工作出现在19世纪的小说中：许多家庭教师都有奇怪的雇主，这个类别以亨利·詹姆斯的《螺丝在拧紧》（*The Turn of the Screw*）结束：

> “对几位应聘者来说，这些情况令人望而却步。不
> 57 知何故，他们只是害怕。这听起来很枯燥——听起来
> 很奇怪；而且因为他给的条件，这事就更让人纳
> 闷了。”

“那是——？”

“让她绝对不要打扰他——是绝对不要，绝对不要：既不要恳求，也不要抱怨，也不要记录；就由她自己解决所有的问题，从他的律师那里拿到所有的钱，把整个事情处理好，不要来打扰他。”[32]

我们在第一章看到，工业时代通常与西方就业的日益标准化联系在一起；然而，这些例子表明，这一时期充斥着大量剥削性的、不负责任的短期就业形式。平台资本主义的零工经济，以及随之而来的虚构故事，已经终结了19世纪的这些先例。你可以从工作中消失。你的工作可以让你消失。巴特比不能拒绝。

巴特比展现出的英雄式被动性，以及他让雇主窘态毕露的拒绝启发活动家和哲学家开展了一大批活动，其中最近进行的便是“占领”运动令人愉悦的集体阅读。[33]然而，索斯伍德指出，对于将自己投身巴特比的事例，我们今日还应持更多的保留态度。

如果巴特比是一名临时员工，那么小说的结局会

58 大不相同。试想一下，如果一个输入数据的临时工宁愿不执行分配给他的工作，也不会给今天的办公室经理带来如此令人不快的洞见。[34]

我们现在的时代有如下特点：工作者完全成了一次性用品，我们绝大多数工作的本质是“狗屁”（如“抄写《大英百科全书》”），脆弱性（如比斯利案件遇难者所示）是强加在我们身上的。就在这么一个时代，可能的状况是，反巴特比构成的“对立”传统确立了我们应该皈依的传统。巴特比死了。但结果是意味深远的：引起其雇主的迷思，占据他身旁所有人的话语（所有角色最终都强迫性地在使用动词“宁愿”），并将自己定位为美国文学中阐释劳动伟大的对象之一。[35] 我们下一节会提出，对于今天的巴特比们来说，情况并非如此。

不良受雇与解雇

在描述 19 世纪 90 年代兰开夏郡博尔顿的工厂生活时，记者 C. 艾伦·克拉克（C. Allen Clarke）有如下看法：

> 在机器运作速度加快到现在这个程度之前，纺纱工有时间聊天，甚至可以在工作时打个盹儿；织布工可以抽空读上一页书，或织个衣服、做点针线活；但现在不可能了。在一些地方，他们在“方便”时甚至会被“计时”；他们只被允许有那么几分钟的时间来解 59
> 决自然需求，一旦超时就要被罚款。

克拉克大致回顾了工业劳动的早期形式，认为它包含了工作与我们“个人”自我的融合。今天对后工业劳动的批评通常集中在（也是我们在本书第三章要重点讨论的）它对我们的苛求：我们在工作中要利用我们的私人身份、情感和身体的各个方面，而这些方面在以前的劳动模式下是留给“自由时间”的。克拉克认为，某种程度上早期工厂手工业的救赎之处在于它不会坚持要独立于工人们无论如何都要干的活——这与今天这种情绪劳动要占据全部的倾向相反。聊天、阅读、编织甚至打盹都会被以一种理想的平衡“缝”入工作时间，这种工作与生活间的理想平衡紧挨着非异化。克拉克将此与他生活的19世纪末之情形做了对比，现在从事低薪服务工作的人对后者很熟悉。在克拉克做的对比中，有一些令人不安且“有味道的”幽默。如果工人们能把他们的“私人”编织行为和阅读带到工作中去，他们会很高兴，而工厂的应对策略是，把他们拉屎的时间也计入其利润核算。对克拉克来说，这种模式甚至应用到了工人的假期，它不再是与工作对立，而是成为其类似医疗化的伴随物：“工厂的年轻人……坦率地承认，他
60 们为假期攒钱，没有别的目的，只是为了恢复健康，以便在一年中的其余时间里继续工作。”[36]

在 21 世纪的英国，我们被告知，有工作的人比以往任何时候都多，20 世纪 90 年代名为“通用信贷”（Universal Credit）的福利改革带来了高效率的加速，这让那些为数不多的失业者可以重返生产社会。我们在前文提到，20 世纪 90 年代福利改革的意识形态使命不是单单减少失业人数，而是通过将工作应用到失业状态本身来彻底根除这一概念：将失业重新定义为毕生之业中“投入工作”的另一个类别。在这里，我们认为，这样做的严重后果是，就业和失业之间的简单对立——以及它们各自具有说教意味的同源词：成功和失败、健康和疾病、自主和依赖、繁荣和斗争——

不复存在。以前大量被归类为属于上述任何一种情况的人群，现在可能更会被理解为处在不良受雇或解雇状态。

不良受雇是指从事的工作没有足够的报酬来维持生计。不良受雇是反社会的，不稳定的，身心不健康的，包含大量没有报酬的因素，是侵入性的，微观管理的，不体面的，并且/或维持“在职贫困”（in-work poverty），也就是说，这些工作加剧了克拉克在19世纪末的工厂工作中所看到的那一些有害实践。与此同时，我们的第二类——解雇状 61
态——是那些已经从失业数据中剔除，虽然没有领取福利，但也没有重新出现在就业市场上的人；换句话说，指的是那些完全被官方经济除名或注销的人。

2008年金融风暴十年后，联合国极端贫困和人权问题特别报告员菲利普·奥尔斯顿编写了一份关于英国贫困人群状况的报告。报告发现，当时有五分之一的人口生活在贫困中，并预测，如果没有发生重大改变的话，到2022年将有一半的儿童生活在贫困中。[37] 这份报告的发表紧跟在英国国家统计局（ONS）一项行动之后，该行动鲜有曝光，但却有重大的历史意义。它基于2014年至2016年这段时间的预测对英国人的预期寿命进行了下调。这是一个多世纪以来的首次下调。在 2015 至 2017 年间，约有 7 万人死亡，而根据国家统计局的模型之前的预测，他们本应该还活着。第一波死亡者是老年妇女，随后是老年男人，接着各工作年龄层的人在统计数字中的占比逐年增大。[38] 当保守党在 2017 年的宣言中声称“就业率创历史新高”和“工作是摆脱贫困的最佳途径”时，我们该如何解释上述死亡情况？

与欧洲大部分国家一样，英国确实在 2015 年恢复了金融危机前的就业水平，而且失业率在随后几年继续下降。
62 然而，正如杰森·海斯和其他人所指，虽然“英国政府执迷于经济中就业岗位的数量以及总体上的就业率和失业率”，但这些传统指标“没有揭示就业岗位的质量以及岗位是否为工作者提供了实现可接受的生活水平的手段”。“技能”虽仍是政策在谈论关于人们如何改善工作并取得成功中的关键词，但“许多工人发现他们拥有的技能和知识并没有在工作中得到充分利用”。[39] 我们中的许多人对于实际存在的低技能工作来说都是技能过剩的，再多的个性化再培训也无法化腐朽为神奇，让每个人都找到一份适合自己的、稳定的、高质量的工作。这种“就业不足”——即正式受雇的工作者无法获得他们想要或需要的工作时长，或者其工作提出的要求远远低于国家鼓励他们获得技能和培训的要求——是伴随着“就业过度”这一现象发生的，即工人必须接受更多的工作量或时长，以维持最低的生活水平。在不同收入群体之间的差异中也发现了类似的动态。正如大卫·弗雷恩所观察到的，“我们正面临着……一种反常的情况，即最高级别的工人被长时间工作所困扰，而越来越多的人则因为他们的劳动力不再有用而受苦”。[40]

就业不足/过度（under/overemployment）是对工作进行学术分析时备受青睐的术语，如在前文引用海斯的研究中，它被设想为关于“幸福”的问题，其出发点则是了解需要多少工作量、报酬和技能水平，才能足以让工作者身心愉悦。我们认为需要采取一种更强硬的方法，用这种方 63
法来看清官方的冷漠或者更糟；来展开质疑——人是否该为了受雇而赚足够多的钱来养活自己，而这里所谓的受雇却是广泛存在的不良受雇之征兆。这个概念汇集了通常被视为相当独立的负面现象。我们主张需要提出一个总的术语来认清这些共有的后果——它们都是一种情况导致的，在这种情况下，工作仅被定义为价值攫取，或者作为类似道德的内在善（a quasi-moral end in itself），由此对我们日常生活中有关工作之目的的所有问题置若罔闻。不良受雇可能被错误归类为自雇，因此它具有雇员生活的所有要求，却没有任何保障。它可能受到微管理，比如在咖啡连锁店，员工的情绪行为受到持续监控，对情绪低落的员工所在的团队进行集体惩罚；或者比如呼叫中心的工作人员，他们就像克拉克描述的早前工厂里的工人，上厕所的时间都被计时。它可能是这样的工作：团队领导或主管层——他们自身无能为力，工资不高——被激励着不使用轮班制却采用其他欺骗手法来规训同事。[41] 尽管人们一直在谈论失业的
64 害处，但长期不良受雇本身可能对我们的健康有害。2013—2014 年度，据报道，英国有 120 万人患有与工作相关的疾病，因此，对于克拉克描述的工厂工人来说，所有的空闲时间（以及公司投入“福利”项目的大量资金）都花在了减轻不良受雇影响上。[42] 虽然不怎么好，但对那些被迫的人而言，它恰恰处在不良受雇自身这个不正常的迷你生态系统的正中央，作为这群人在食物银行①工作福利的一项先

① foodbank，美国的一种慈善形式，又称食品赈济处。

决条件，他们最终既是“食物银行的用户，同时又是其志愿者，……他们得为自己准备食物包”。[43]

因此，不良受雇汇集了打乱传统阶级和社会界限的各种做法。但也许更值得注意的是，它还包含了传统就业/失业鸿沟两边的各种工作状态。不良受雇打破了与就业/失业有关的传统二元对立，并造成了两者难以确切区分的情况。在不良受雇情况下，就业者和失业者都可能因工作和缺乏工作而变得无保障、贫穷和不健康。在最底层，就业者和失业者甚至可以在同一家公司的同一个部门从事完全相同的工作，在同一个食物银行吃饭，晚上回到同一个收容所。尽管煽动这些事态发展的政治代理人自称反对低效的国家干预，但失业和不良受雇都必须得到国家的补贴：作为福利直接补贴给无薪和失业的工作福利制度（workfare）参与者，作为税收抵免或其他在职福利间接补贴给低收入工作者（先不论与工作有关的疾病给英国国家医疗服务体系［NHS］带来的开销）。

与 1997 年的新工党一样，保守党-自由民主党联盟在 65
2010 年带着一系列新的福利措施上台执政。新工党在失业的商品化和再概念化方面（将其重新定义为一种工作）取得了进展，但联合政府的野心要大得多。担任了六年后座议员的伊恩·邓肯·史密斯（Iain Duncan Smith）被任命为就业和养老金国务大臣，此前他曾担任社会正义政策小组（Social Justice Policy Group）主席，该小组提出了保守的解决贫困问题的方案。在此之前，邓肯·史密斯作为在野的保守党领袖，经历了一段短暂而不受欢迎的任期，众所周知，该政党渴望“继续”撒切尔夫人“被中断的”事业，用其满是极右色彩的影子内阁中一位成员的话来说，就是用美式私人保险制度来“终结国家医疗服务体系（NHS）垄断产生的农奴制”。[44] 在政府任职期间，邓肯·史密斯监管了新的工作福利计划，试图使失业与工作更加难以区分。这些措施在2012年实施以来，人们开始看到超市轮班工作招聘启事上列出的工资条件是“求职者补贴＋业务费用”，不再需要短期合同工，转而偏爱工作福利制的培训者，而且参与工作福利计划的公司冻结了招聘。[45] 对于那些拒绝参与这些计划的超市，公众的抗议和联合一致的行动主义减轻了对它们的制裁，并促使超市正式雇用更多参与该计划的工作者。关键在于这是个福利管理体系，开创
66 它的方案说得再好也只是种对公然反对意见的漠然——要

么有工作可做，要么没有。如果有工作，就应该有适当的报酬。关于失业有多么像就业的谈论就此打住，反过来说说就业有多么像失业吧！截至 2018 年，55%（在伦敦是 60%）在工作的人都宣称自己无家可归或生活在临时住所。[46] 我们曾经将失业定义为最悲惨的生活状态，但现在受雇也再无法保证我们远离这种状态。

因此，修改失业的类别，将之归入当前属于就业的范围，即不再使其与就业有质的区别，并且将两者的形式修改为构成不良受雇的类别，这就合理了。然而这和解雇有什么关系？在实施由新工党确立的福利制度的方向上，颇具讽刺意味的一点是：它对社会排斥者不合格的“公民身份”的关注现在遭到颠倒（他们也致力于恢复这群人的公民身份），以至于撤销公民身份成为了福利体制下一种公开的规训权力。我们建议把这群受规训的人称为“被解雇者”。自 1911 年《国家保险法》出台以来，在特殊情况下，失业者会被以扣留福利金的方式间接罚款。然而，在 2012 年，邓肯·史密斯将制裁置于福利制度的核心，大幅拓展了可扣留福利金的时限和可制裁的范围，并将受制裁者从失业者扩大到单亲父母、慢性病患者和残障人士。迈克 67

尔·阿德勒指出："尽管曾经受制裁的是那些无业者，他们应为自己失去工作而负责，但这些制裁现在更加关切所有福利申请者寻找工作的行为，这群人尚未受雇，他们谨遵私人顾问强加的行政要求。"[47] 这个制度会以此种方式展开裁定，将一些人排除在福利之外，但它却是个无效的制度。可制裁的违规行为——比如评估个别病人和残疾人是否适合工作——是由外包公司决定的，这些公司的决定必然受利润驱使，而不会考虑在制度内追求对他们的公平。据报道，2018 年，近 70％的索赔人在对禁止他们获得残疾福利的决定提出上诉后，成功获得之前被错误拒绝的索赔。最初被拒绝的人中有 40％因为压力太大而放弃上诉。[48]

为完成邓肯·史密斯最初的改革而设计的巴洛克式的"通用信贷"体系，使被解雇人口的规模进一步扩大了。索斯伍德认为，该系统"通过常规的付款延迟和任意制裁，置低收入和失业的福利金申请人于欠下债务和无家可归的风险中，设计不切实际，令人费解"。[49] 奥尔斯顿在联合国报告中对体制"默认的数字信息能力"要求的评论，似乎表达了他对上述观点的认可，因为奥尔斯顿"好奇为什么一些最为脆弱的人和数字信息能力差的人，必须首先要弄

清什么是全国数字信息实验”。他补充说，“我们正在见证 68
战后英国福利国家在网页和算法背后逐渐消失”。[50] 想象一下，倘若我们认为当务之急是降低福利账单并鼓励那些有能力工作的人，而且我们也勉强认同，这个系统完全是善意且有效的，我们仍然不可能将常规的福利制裁——通常意味着取消个人的唯一收入——与自由国家有责任保证其公民的基本生活水平之信念相协调。福利不可能既是有保障的基本生活标准，又是可以撤销的合法规训手段。考虑到它对自由主义的基础影响深远，德尔·罗伊·弗莱彻和莎伦·赖特指出，有关这个问题的“政治性探讨少得令人吃惊”。[51] 然而，结果是产生了一个被解雇阶层，就像杰里米·西布鲁克①《切断：没有福利的生活》（*Cut Out: Living without Welfare*，2016）一书中大量的案例研究所展示的一样，他们仍然没有工作，可能完全没有能力工作，但现在已经被排除在福利制度之外。也就是说，这些人已经被完全从普通经济的视线中剔除。[52]

---

① 杰里米·西布鲁克（Jeremy Seabrook，1939—2024），英国知名作家兼记者，专门研究社会、环境和发展问题。

2012年后的改革非但没有让弱势群体回到曼德尔森所描述的“我们其他人认为的正常生活”，反而扩大了对普通
69 活动的准犯罪化（福利申请人在复杂的官僚程序中犯了简单的错误就会被自动惩罚，或者因就业和养老金部本身的错误而被迫负债），并创造了一种基本全新的机制，通过这种机制，大量居民被完全排除在合法经济和“正常生活”之外。根据萨斯基亚·扎森的研究，我们可以将这种解雇的发明视为基于新型“驱逐”的自由主义秩序更广泛危机的一部分：

> 当标准货币政策措施逐渐失去对急剧萎缩的经济的控制时，“经济”实际上就被重新定义了。失业的人失去了一切——工作、住房、医疗保险，很容易脱离定义中和实际中“经济”的边缘。失去一切并自杀的小商店店主和工厂老板也是如此……这些趋势重新定义了经济的空间。他们将其缩小，并将很大一部分失业者和穷人从标准货币政策措施中剔除。可以说，这样的重新定义使“经济”变得比较像样，使其在人均GDP指标上显示出小幅增长。底层的现实更类似于一

> 种经济版的种族清洗，即通过简单地消除被认为是麻烦的因素来加以处理。[53]

扎森的专著将经济内部和外部实行的个体驱逐联系在 70
一起：摧毁国家整体基础设施的战争、过分的移民管控，以及愈加严重的放纵行为——让人民失去祖国，让孩子离开父母。这种驱逐也在于气候变化和更为直接的污染让大地不再适合生活。[54] 通过勾画“驱逐”这类新的国际表现形式，可以看到在英国，不良受雇和解雇人口可以被视为发达国家人口的一部分，而被迫被塞入已经占世界人口 60％的、处在正常经济体系庇护之外的（大多数处于发展中国家）的人口中。[55] 在英国，被解雇者在格伦费尔大厦火灾和温德鲁什丑闻①背后找到了类似的对驱逐的容忍——分别

---

① 格伦费尔大厦（Grenfell Tower）火灾指 2017 年 6 月 14 日发生在英国伦敦的一起严重火灾事件。这起火灾导致至少 72 人死亡和数十人受伤，在全球范围内引起广泛关注，并促使各方采取措施提升高层建筑消防安全水平。温德鲁什（Windrush）丑闻是指发生在英国的一个移民问题引发的一系列争议和批评。这个事件起源于 1948 年后来自加勒比地区（特别是牙买加）的移民被邀请到英国工作和定居，但在 21 世纪初期，政府改革了移民法律并实施了更严格的边境控制政策，许多温德鲁（转下页）

广泛存在于以下两处：政府将公共开支削减下放给地方政府的政策，以及“敌对环境”移民政策（在第一章有讨论）。20世纪90年代以来由重新定义失业所导致的暴力，正是南希所确认的当劳动和共同体被等同对待时出现的暴力。

（接前页）什一代成员遭受到非常多的困难和不公正的待遇。许多人失去了合法身份，并面临着被驱逐出境，无法享受医疗保险、住房补贴以及其他福利等问题。这个事件引起了广泛关注和谴责，导致政府道歉并采取行动修复错误。

第三章 我们“年轻女孩们” 71

2014年，在圣迭戈的一次会议上，新媒介艺术家劳雷尔·普塔克（Laurel Ptak）为一场半虚构的政治运动举办了一场名为“脸书劳动有偿化”（Wages for Facebook）的展览。相关的网站宣言是一份自动滚动的大写字母文本，称在脸书的典型形式中，资本主义“让我们深信，让我们接受无偿工作是一种自然的、不可避免的，甚至是令人满意的活动”。我们通常不会把我们在空闲时间使用社交媒体和其他数字平台视为工作，尽管我们愈发意识到平台运营者从中攫取的那些利益：我们每次点击都为算法提供了无意的训练，我们在社交媒体发帖为它引来了流量，无一例外的是，我们为资本提供了自身数据所包含的潜在剩余价
值。“我们必须承认，资本非常成功地隐藏了我们的工作”， 72
宣言中这样写道。[1] 前一章说明了失业是如何被“投入工

作”的，而普塔克的艺术品则表明，平台资本主义的发展将我们最空闲放松的在线冲浪、游戏和发帖变成了一种异化劳动。

“脸书劳动有偿化”可以和一些学者的研究对照来理解，这些学者将我们在数字平台上的无偿互动归为一个单一术语“数字劳动”（digital labour）。“上网是一种具备生产力的消费或生产-消费行为，因为它创造了价值和一种售出的商品。”该术语的创造者克里斯蒂安·富克斯（Christian Fuchs）解释道。[2] 其他学者则对将雇佣劳动的概念扩展到我们在网上做一切事情都更为谨慎。虽然在这两种情况下，资本主义所有者都从他人的活动中获得了剩余价值，但制造汽车的经验并不完全像给我们的宠物拍照，参加办公室组会也不像与我们的朋友群聊。对于尼克·斯尔尼塞克来说，重要的是“区分在平台上进行的互动和在其他地方进行的互动”，以免我们陷入“工作与非工作不可分割”和“所有社会互动都成为资本主义的自由劳动”的唯名论。[3]

普塔克的作品——在其核心思想中——指出了僵局之外的问题：“脸书劳动有偿化”几乎逐字转写自西尔维娅·

费代里奇①的宣言式著作《家务劳动有偿化》（*Wages Against Housework*，1975）中的段落，将原文中的“家务”一词替换为“脸书”。[4] 普塔克坦言，如何阐释家务和如何阐 73
释数字迭代中的劳动其实是一个问题，不需要另外修改措辞。同样，分析和抵制前者的战略也可以为意在后者的战略提供参考。[5] 费代里奇的宣言为 20 世纪 70 年代国际女性主义运动（International Feminist Movement）争取家务劳动工资做出了贡献。其论点是，尽管家务劳动和生育劳动在结构上与有偿劳动一样都是资本主义利润的必要条件，但它们被成功地美化为女性的天赐任务，根本就不是工作。在她的宣言中，费代里奇并不会幻想给家务定价可以解放家庭主妇。其目的具有政治意味，而普塔克也这样认为：“工资至少承认了你是一名劳作者。你可以针对工资的条件和数量、工作的条件和数量进行讨价还价。”

首先，“家务劳动有偿化”运动提醒我们这样一个事实：资本主义是一种从不局限于工资关系的经济剥削形式。

---

① 西尔维娅·费代里奇（Silvia Federici，1942— ），出生于意大利的马克思主义女权主义理论家、社会活动家和学者。

由于资本主义依赖于持续增长，它必须将剥削最大化；它
不可避免地要在工资承认之外的人类活动中寻找利润，无
论这些活动以何种形式出现。无报酬的家务劳动无疑是艰
苦的，它间接地为资本家创造了剩余价值（在为有工资的
74 工作者提供住房、食物和支持以及补充劳动力方面）。而通
常被视为休闲或便利的无偿数字劳动，以可货币化的数据
形式直接为资本家生产剩余价值。“劳动”一词并不完全适
用于这两种活动；虽然它们都是剥削，但剥削的方式不同。
没有人会认为洗衣服和更新社交媒体是一回事。它们都是
一类有利可图却通常不可见的活动：先设想它们是有偿劳
动，不论作为具体政治计划的一部分还是一项策略，然后
让它们变得可见，迈出将它们各自组织起来的第一步。

因此，出于政治和经济的考量，我们都有充分的理由认真对待线上和其他地方无偿工作的想法。但费代里奇的论点还有另一个方面，而倘若这个方面不存在，社交媒体和家务之间的相似之处就只能停留在表面。正如她在《家务劳动有偿化》一书中指出的那样，“资本主义从我们烹饪、微笑、做爱中赚钱”而不会引起反抗，因为在家里，我们不可能看清“我们的工作从哪里开始到哪里结束，我

们的工作到哪里结束而我们的欲望从哪里开始”。[6] 正像路易丝·图潘在她讲述的国际女性主义运动史中指出的那样，如果家务劳动有偿化背后的理念是“在人与她所做的工作之间形成一种分离”，那么这种分离在数字经济中，就像在家务中一样难以实现，过去是，现在也是。[7]

除了提供免费数据之外，这里的风险不仅在于很难知 75
道你在特定时刻线上所做的到底是社交还是劳动，其风险还在于这个过程中产生的“自我”越来越像一种剩余价值，或者更确切地用皮埃尔·克洛索夫斯基①的话来说，是一种“活货币”（living currency）。通过耕种我们的欲望，资本主义不仅获得了免费家务和免费数据，它还产生了一批主体，他们在线上和线下都让自身与商品相关联。

对上述观点的一种拓展是“年轻女孩”（Young-Girl）的概念，由法国激进杂志《提昆》（*Tiqqun*）在《年轻女孩理论的初步材料》（*Preliminary Materials for a Theory of*

---

① 皮埃尔·克洛索夫斯基（Pierre Klossowski，1905—2001），法国作家、艺术家和翻译家，其拟像理论对法国当代哲学产生了巨大影响，直接影响了福柯、德勒兹、利奥塔和布朗肖等。

the Young Girl，2012，后文简称《初步材料》）中提出。[①]最初出版于1999年的《初步材料》提出，“年轻女孩”的典型形象已经成为“第一次世界大战以来消费社会重新定义的模范公民”。[8]在18、19世纪，西方的年轻上层女性在社会中占据着特殊的地位，因为她们不从事公认的劳动或监督他人的劳动，而是专事自己的“劳动”项目：

> 你读书，或上课，或以其他方式修身养性，直到中午；午餐前散步，午餐后与你的姨妈去兜风，晚上还有个约会。[9]

> 76 一个女人必须多才多艺，才能算得上是出类拔萃。一个女人必须精通音乐、歌唱、绘画、舞蹈和欧洲语言，才配得上这种赞赏；除此之外，她走路的仪态，她说话的语气，她的言辞和表情，都必须有一定的特

---

① 《提昆》是一份创办于1999年的法国杂志。由《提昆》提出的“年轻女孩”概念并不针对具体的性别群体，主要代表活在消费主义预设的生活里的人，是资本对青春和女性气质的理想投射。

> 质，否则就是平庸无奇了。[10]

这是某种自我生产的工作，是对仪表、社会关系、举止和“造诣”的培养：主要为了练习和培养如何展现女性的各种能力，例如针线活或客厅独唱。她们唯一被允许的消遣是参加经过严格组织的舞会、游戏和亮相。这种社会地位在简·奥斯汀的小说中表现得淋漓尽致。在 19 世纪初，奥斯汀成功创造了一种完整的叙事形式来解决聪明进取的女性所处的困境：社会对她们没有任何要求，只是要求她们做自己，并为此而努力。

在《提昆》看来，年轻女孩的形象远没有随着主要实践这一理念的贵族的衰落而被取代，而是被允许成为我们所有被置于“永久自我增值”（permanently self-valorize）的义务中的典范：也就是说，像奥斯汀笔下的年轻女性那样，将我们的自我与商品形式结合起来，并将此作为“我们年轻女孩”所有劳动的基础任务。[11]《提昆》认为，在这 77
一点上，我们都是年轻女孩，被迫培养、重塑和估价我们的形象。

“年轻女孩”发展史

“‘年轻女孩’显然不是一个性别概念，”《提昆》说，“所有的父权权威人物，从政客到老板和警察，他们每一个人，甚至教皇都变得‘年轻女孩化’了。”自《提昆》在社交媒体兴起之前的1999年提出以来，这一说法变得更加令人信服。他们没有看过教皇的照片墙（Instagram）账户，也没有看过《年轻的教宗》电视剧（*The Young Pope*，2016）。[12] 与此同时，把“年轻女孩”这个能指变成时代的象征，显然存在着无法去性别化的理论风险。[13] 批评家有理由接着《初步材料》继续谈论其中的厌女症。例如，希瑟·沃伦-克劳（Heather Warren-Crow）将《提昆》的分析当作“女孩恐惧症”（girlphobic）习惯的一个例子，这种习惯令人失望地贯穿于激进的文化批评中，这个例子同时将批评者不赞成的一切与青春期和女性气质联系在一起。与此同时，《提昆》认为“年轻女孩”缺乏能动性和有意识的不满，但尼娜·鲍尔却对此表示怀疑，她问道：“最终，让‘年轻女孩’为自己说话，而不用通过文化——这种文化一边将她作为文明的形而上学巅峰到来的先驱，一边诋毁她——在她们头上强加类别，这意味着什么?”[14] 尽管《提昆》对晚期资本主义下人人从事“年轻女孩化”工作表示沮丧，但其女性主义批评家感到沮丧的点却在于，年轻的女性似乎应该为《提昆》分析中出现的这种压迫负责——不论承受这份压迫的是她们自己，还是每个人。 78

当然，我们可以在不依赖年轻女性提供必要范式的情况下讨论资本不断将人格和市场价值融合的尝试。如果连教皇现在都成了“年轻女孩”，那么为何还要去提女孩呢?至少有两个理由让我们觉得这是合理的。首先，鲍尔认为的那种既被抬高又被诋毁的“女孩”形象作为文化中心依然存在。2015 年，杰奎琳·罗斯指出，一种大受欢迎的小说类型正在兴起，这类小说特别会诱导女性在复仇时刻的遮蔽下，从针对女性的心理暴力和性暴力的漫长场景描写中获得快乐。她指出，在这些作品的标题中，通常会出现小“女孩”，呈现一种被贬低的姿态，一方面把女性描绘成“顺从的”，另一方面又隐晦地认为女性非坏即蠢，因此她们招致了受虐待的惩罚。[15] 我们也可以在此想想，对倪迢雁来说，表现出“柔顺”是“可爱”的核心特征，它是当代商品文化中的一个主流审美类别，因此，它甚至被认为是物化的基本姿态："对象越是物化，或者越是被主体的情感需求和/或投射塑造得越明显，这个对象就越是可爱。"[16] 可
79 挤压得吱嘎作响的沐浴玩具和少女化的角色，都会激发出"保护和拥抱的欲望"，以及侵犯。似乎在这样一种文化中，每个人都承受着"年轻女孩化"的压力，也就是说，要把他们生活的方方面面都塑造成具有最佳的可销售性，因此，"少女"文化不乏其对象，它们在提供补偿性施虐快感的时候瞄准了所有人，其中也包括女性。这再加上我们小说和产品常出现的对女孩的施虐式恋物，网络上的敌意如旋涡般冲向典型的"年轻女孩"，从对歧视白人男性气质的强烈抗议，到对整整一代人及其政治关切的诋毁（例如"情绪不稳定"①

---

① "情绪不稳定"（triggered），源自医学术语 trauma trigger，即令患者或受害人回想起创伤的引子。该词现已脱离了医学中创伤的范畴，泛指被某件事"冒犯到、伤害到"。20 世纪 90 年代末，有些专门讨论女性议题的网络团体为了保护创伤受害者，避免二次伤害，会在帖子标题注明"内容预警"（trigger warning），简写为 TW。就美国政治语境而言，triggered 在这几年政治两极化的环境下成了美国保守派和进步派人士相互攻击的用语。比如特朗普的支持者常常用 triggered 来形容这些被特朗普冒犯的人，认为进步派人士很容易被鸡毛蒜皮的小事惹怒。

和焦虑的“雪花一代”① ）。显然，遭受厌女症暴力的年轻女士不会因为无视以她们的名义发出的言论的文化影响而受益。

与此同时，鲍尔“让年轻女孩为自己发声”的呼吁显然得到了回应，而且达到了迄今为止难以想象的程度。2017年10月，电影制片人哈维·韦恩斯坦（Harvey Weinstein）遭到性侵指控后，在♯Metoo运动中，一大批遭有权男性性暴力的受害者在社交媒体上纷纷发声。尽管随后围绕工作场所内外的性剥削展开的辩论广受欢迎，但它的局限性很快就显现出来。评论人士指出，在实质性变化方面，运动口号所承诺的社会团结通常会缩回为个人行动，在受大 80
众关注的案件中，犯罪者受到的负面影响几乎不会给其职业带来任何系统性的风险，也不会给最弱势群体带来可行的解决手段。[17]

对社会团结承诺的落空反映在这个运动的操演性（performative）要求中：“我也是”（“Me，too”）承诺了

① “雪花一代”（snowflake generation）指千禧一代。这些青年与以往几代人相比，被认为是适应能力更弱并更易发怒的一代。

无须解释就能得到认可——你将能够加入一个为共同事业而战、最终得到公认的群体。但是，获得这场运动的好处——可以借此对机构和个人施暴者施加的公众压力——不仅要付出公开曝光的代价，还要服从某类规则。这与两年前罗斯批评的那些粗制滥造的伪女性主义“年轻女孩”没有什么不同，你也必须提供与性相关且过分渲染的细节、整齐划一的故事发展轨迹以及精心编排的场面细节，以便向他人传达一种令人愉悦、上瘾的愤怒，我们可以将这种愤怒称为——用保罗·B. 普雷西亚多[①]的话说——“药物色情的”（pharmacopornographic）表现：一种适销对路、无法抗拒的情挑效果，成为其自身的目的，并削弱共同政治事业的效果（这种效果存在于过去，也可能持续到未来）。愤怒的年轻女孩不再是 19 世纪小说中被忽视的歇斯底里者或“阁楼里的疯女人”；她们成了恋物癖受害者的对

① 保罗·B. 普雷西亚多（Paul B. Preciado，1970— ），巴黎第八大学的身体政治史、性别理论和表演史教授，是当代性别与性研究领域的主要思想家之一。其著作《睾酮毒瘾者：药物色情时代的性、药物与生命政治》（*Testo Junkie: Sex, Drugs, and Biopolitics in the Pharmacopornographic Era*，2013）在下文亦有提到。

应人，无论是在社交媒体上，还是在超级暴力的复仇小说中，她们都是令人兴奋的个体式景观。因此，♯Metoo 的文化机制再现了“年轻女孩”功能的关键部分：将你的性征与你经历中其他任何可兜售的部分结合使用，包括你对性剥削的反抗，但却不会获得任何系统性的变化。 81

从某种意义上说，“年轻女孩”总在“为自己发声”，因为“她”作为一系列社会、经济和文化协议而存在，这些协议规定了我们必须承担的工作，为的是在数字资本主义下展露自身。鲍尔热切期待发生实质性变化，尽管我们理解她的企图——通过剥去文化和理论的堆砌来直面真正的“年轻女孩”，那就是群被“一堆有钱的白人男子”骚扰的女性，但这种企图一方面冒着生物本质主义的风险，对年轻的顺直女[1]进行恋物化，另一方面又以牺牲阶级和全球背景为代价，对她们地位的社会同质化。相反，我们可以用“年轻女孩化”的概念来描述一种生物政治式顺从的支配形式，作为晚期资本主义文化的入场券；年轻的顺直

① 顺直女（cis women）是跨性别的反义词，指生理性别和自我认同一致的女人。

女作为“年轻女孩化”的重要化身继续遭到剥削，但她们并没有描述其本质，也没有描述在资本主义工作场所遭受性暴力的整个人群。因此，“年轻女孩”并没有指责女性，而是将她们从与她们相关的文化协议中分离，并针对她们的某些形式的文化和经济暴力进行开脱。

坚持把“年轻女孩”作为批评工具的第二个原因是历史方面的。不可忽视的是，当《提昆》将他们自己所谓的象征性抽象打造成毫无新意的厌女症之人形目标时，其自身也陷入了物化的圈套。[18] 然而，《提昆》理论赌注中有趣的部分却指向了另一个方向，即朝向了一个文化圈套的历
82 史——这段历史还非常重视劳动。在一段粗略而简短的介绍中，《提昆》提出“年轻女孩”代表了两种要素，即年轻化和女性化（*youthitude* and *femininitude*），作为管理理念，二者让资本主义将妇女和儿童——这些群体在 20 世纪西方的生产中处于边缘地位——作为模范消费者纳入自身。当我们试图评估今天变幻莫测的毕生之业时，有必要看看资本的这段社会史。

在《提昆》之前，早有人评论过儿童和青年在社会环境和工业资本主义意识形态中的特殊地位。社会历史学家

记录了在20世纪初福特主义下的美国，反对童工的保护性立法何以与广告中宣传儿童消费者理念的新要求相吻合。马克斯·霍克海默在1941年写道，他甚至用精神分析的术语提出，大众文化已经破坏了主体的形成，其结果是，以前年轻人进入社会依靠的是与典型父亲形象进行斗争，但现在这个形象已被“物的世界所取代”，现在物的世界又在处理儿童问题上显得为时过早且诡计多端，不会给争论留下任何余地。[19] 同时，生产线上需要缺乏技能的年轻人来取代那些专业技术变得昂贵和过时的老工人。我们丝毫不感到意外地见证这个文化时刻：焦虑的年龄成为市场扩张的目标，而这个市场生产的产品直指青春。[20] 在1930年的一 83
篇文章中，齐格弗里德·克拉考尔①表达了他的质疑，他认为德国流行文化对年轻人的讨好，不仅反映了公司政策中对年长工作者的新偏见，而且还否定了文化之死，在此刻，由于缺乏文化和经济的视角，青春成了一生中唯一值

① 齐格弗里德·克拉考尔（Siegfried Kracauer，1889—1966），德国作家、社会学家、文化批评家，更是20世纪闻名于世的电影学者。

得度过的时光。[21] 斯特凡·茨威格回顾他在 19 世纪末奥地利帝国的早年生活时，描述了一个资产阶级的世界：年轻人为了升职，走路特地慢慢悠悠，戴上眼镜，蓄上胡子，努力让自己身材微微发福，以获得各种受人尊敬的年龄标志。[22] 这种场景的反转——旧的东西在理性化的工作场所变成新的可有可无的东西，已经在托马斯·曼的中篇小说《威尼斯之死》（*Death in Venice*，1912）中有了令人不安的体现。主人公在一群来度假的见习业务员中吃惊地发现一个染着头发、化着妆、戴着假牙、穿着花哨时装的老人，他的行为举止与自己的年轻同事一样浮夸。[23] 早在 20 世纪 50 年代，在将青年与反叛和有利可图的反文化联系起来之前，作家们就为工业资本主义下的年轻人确定了至少三重身份：可塑的消费者，可弃的工作者，以及可以收买的前程远大者。

女性在资本主义生产中一直是重要的局外人，她们在
84 这段历史中甚至发挥了不言而喻的典型作用。关于家庭主妇的概念，也是上文讨论的费代里奇研究的基础，这个虽是老生常谈但很重要的叙述在这里很有启发意义：从 18 世

纪开始，制造业日益将人们从小农经济的“自给自足的家庭生产、生活”中剥离出来，也消灭了传统工艺，而现在这些工艺都由机器来学习。那些留在家里的人，失去了生产任务，只能自己承担社会再生产的任务——生育、抚养孩子和做家务。安吉拉·戴维斯指出关键的一点：妇女在双重意义上是这种家庭和生产割裂的失败者。她们作为家庭主妇继续干的工作是没有社会地位的，因为远不如工厂从家庭经济中抽离的活动，家务劳动并不直接产生利润。与此同时，那些不得不为工资而工作的女性待遇比男性更差，工资也更低，因为她们出现在公共经济中就背离了她们在家庭中理想化、自然化的角色。[24] 资本主义和父权制联合起来，让“女性的工作”因其天然性而无法获得工资，就其本质而言也无法称为工作，与之前常处在家庭内经济之中相比，这让她们在家庭内外的地位更加凸显出经济上的脆弱和不稳定。毫不意外，这使她们成为广告业的完美目标，从 20 世纪 20 年代开始，广告业积极地指导她们将自己的性征商品化，拥有与男性同酬的机会。[25]

从这段历史中浮现出的是可取性和可支配性之间奇怪

85 而令人不安的联系。《提昆》指出，年轻人和女性是两个独立的群体。前者在生产中处于边缘地位，后者变成了模范消费者（以及广告的主要幻想的原型），二者为21世纪“年轻女孩”自我商品化人士（self-commodifiers）勾画了一个令人信服的谱系。《提昆》忽略了一个显而易见的事实：倘若每个人都变成了数字资本主义下的“年轻女孩”（无论是在家里还是在工作中），他们也会继承“年轻女孩”与资本的不稳定关系以及她们的生存策略。当然，这就是资本主义生产中局外人的历史症结所在——自我商品化的加深伴随着不稳定性的加剧。就业结构的这种趋势，早已有人注意到，像毛里齐奥·拉扎拉托这样的意大利自治主义者就指出，“非物质劳动”作为工作的形式日益占主导地位，它既无法在工资关系中被考虑，也无法产生可见的产品。因此，相比传统的工厂工作它更容易成为一种剥削。不断发展的服务业和数字经济中的认知劳动（cognitive labour），如数据输入，都是说明“非物质劳动”的常用案例，这些“非物质劳动”越来越多地被外包出去，随叫随到，总体上是“过度剥削的”（hyperexploitable）。[26] 在关于

"非物质劳动"的讨论中，一个重要的相关类别是"情感劳动"①，就是任何一种需要"创造和操纵他人的情感"的工作形式。从事这类工作通常是有代价的，这份代价可以是阿莉·拉塞尔·霍克希尔所描述的那种对工作者自身情感的管理和压抑——"情感工作"（emotional work），它的典型案例便是"空姐"。同时，这份代价通常也可以是——像费代里奇笔下的家庭主妇一样——与她最私密的欲望进行混乱的拉扯。[27] 最后，"劳动女性化"（feminization of la- 86
bour）的概念整合了主导性的服务工作、情感劳动和日益增加的不稳定性：即便被一些 20 世纪 80 年代的女性主义者称为工作的"家庭主妇化"（housewifization），以上讨论的历史还是得到了"劳动女性化"的承认。[28] 那些曾经被置于工资关系之外或在社会文化边缘被过度剥削的人，他们的工作已经成为当今数字经济的引领模式。

还有一些关于"年轻女孩"历史的研究进一步探讨了

---

① "情感劳动"（affective labour），又称"情感工作"（emotional work）或"情绪劳动"（emotional labour），后者更流行。该概念由《心灵的整饰》（*The Managed Heart*，1983）一书的作者阿莉·拉塞尔·霍克希尔德首次提出。

社会经济边际和经济模式之间的联系。普雷西亚多在《睾酮毒瘾者》（*Testo Junkie*）一书中顺着上述逻辑提出，我们这个时代的典型工作者是性工作者和色情演员，他们代表了我们经济中普遍的“劳动色情化”。他们具有代表性是因为，首先，“在后福特主义社会中，工作在任何情况下总是在售卖鲜活的身体产生的交流与兴奋之力——售卖该身体的高潮力[1]”。因此，我们今天工作的目的与其说是参与到——像《提昆》热衷描述的那样——德波的景观中，不如说是引起兴奋，以成瘾的方式刺激内啡肽、肾上腺素和其他神经递质。虽说性、服务和娱乐行业一向如此，但在
87 主流电影制作、连锁餐厅和色情片领域关键词上算法的精确化却让这一现象愈演愈烈。在新自由主义职场和社交媒体的等级关系中，情感上的自我商品化也日益如此。

正如普雷西亚多所说，“在色情经济中，不存在不让人‘性奋’的工作”；我们所做的每件事都“必须产生一剂毒

---

① 高潮力（potentia gaudendi），指身体内产生愉悦感的生理和心理潜力。这个术语由哲学家保罗·B. 普雷西亚多创造，他认为当代经济通过提供增加快乐的服务（例如伟哥和可卡因）来剥削身体，从而将身体变成商品。

品注射的效果”。他还强调了性工作者的极端不稳定性；与贩卖人口和非法移民的情况相似，他们经常在极端的边缘地位上工作，“大多数移民的身体被认定为非法，并被种族化和社会排斥的界限所区分”，被非人化，以至于被剥夺了公民权。普雷西亚多没有详细探讨其中的深意，但他在描述被排斥的人如何成为“可穿透的身体”时透露出一份令人心灰意冷的警告。如果全球化下移民性工作者是我们现在和未来潜在经济的典型工作者，那么，对他们的自由支配近乎会使他们成为法律上的不存在，他们甚至被嵌入经销色情影像的全球网络，或者推入出卖肉体的全球渠道——他们绝对可以带来利益，同时绝对缺乏公民权利。我们在第二章中已知晓，这种对公民权的侵蚀是解雇状态的一个组成部分，大量的失业群体被排除在官方数据和国家援助之外，这让人想到丝奇雅·沙森的观点：全球范围内将人们从经济、政治中“驱逐”出去，就气候灾难而言，将人们从生存中驱逐。在这里，普雷西亚多提出了一个令人不寒而栗的观点（我们可以视其为不良受雇的最终结论）：工作本身不仅使工作中的工作者不稳定，而且使他们 88
失去了作为一个存在的人的正式身份。兴奋（excitation）

的全球化销售让人类工作者比起以往更像工会组织下福特制中的机械部件："机器和工作者之间不再有任何竞争。相反，工作者正在成为性的生物机器。"[29] 那么，卖化妆品的"Ins（Instagram）风"创业者和被嵌入全球化技术资本主义中的非法性工作者，二者之间的联系将不仅仅是对性征的自我商品化，披着社会主义外衣的资产阶级出于假正经对此会表示拒绝。相反，在其他事物中，恰恰是"年轻女孩化"将工作简化成了一种成瘾的娱乐。这种娱乐基于对肉体"兴奋或挫败"进行简陋评估，它甚至简陋到其演员都可以完全充当刺激协议的实施者。

因此，"年轻女孩"的发展历程可以理解为资本主义对"可欲即可用"的成功贯彻——从 18 世纪到今天，从无须具备技能的家庭主妇到移民性工作者。剥削不是新事物，对于那些能够并愿意看到这一点的人来说，跨大西洋的奴隶贸易作为资本主义扩张的引擎，从一开始就表明了资本主义剥削工作的基线。几个世纪以来发生的变化是，通过
89 全球分销和通信技术，个体欲望运作的需求在多大程度上已经从经济边缘扩散到中心——它甚至还巩固了社会经济差异："年轻女孩化"可以解释总裁和主播之间的相似

性——他们都在自我商品化协议中表现出某种彻底的可用性，但它也表明，这种相似性和文化平等是基于一种社会划分，即将人简单粗暴地归结为人与非人的区别。然而，在另一个极端，工作对生活的殖民的蔓延，或者迈克尔·哈特（Michael Hardt）所说的“文化和经济间差异”的消解，都已然出现在了我们一些人仍然会在网上或其他地方体验到的空闲时间。如我们将在本章中看到的，正是在这里，数字资本主义文化展示了它在意识形态上最大的成功；换句话说，有这些工作空间，工作终将变得“与非工作无法区分”。[30]

所有这些并不是说自我商品化是一种不可避免的罪恶。在《提昆》的《初步材料》中，他们的“垃圾理论”之言呈现的混杂后现代主义与法兰克福学派的傲慢（先不提男性气质）的结论相左：“年轻女孩化”是一种极端的去政治化，我们对自我管理的明确女性化和自恋的关注促进了顺从，并且不可挽回地破坏了团结。令人失望的是，他们的唯一解决方法是完全拒绝。然而在自我商品化的历程中，同时在工作与非工作之间的模糊界限上，我们可以假设一段同样久远的反抗史。简·费尔法克斯是奥斯汀具有开创 90

性的“年轻女孩”小说《爱玛》(*Emma*，1816)中的一个角色，在面对为生存而做家庭教师的前景时，简拒绝了熟人所说的“合适的工作岗位”和她“出众的才能”使她有资格“进入顶流圈”的说法。她把“家庭教师的职业”描述为变卖“人类智力”。[31] 这对“年轻女孩”的虚构而言是具有爆炸性的，简周围的人认为这是一种和解——通过打扮成富人的样子共享他们的空间，从而间接地享受富人的闲暇和地位，这种小说将别处的虚构当成对生活永恒无尽的“忏悔和赎罪”，这种生活仅限于培养富人的女儿(并对他们的自我商品化进行微调)这种事情上。然而，在一个极端保守的文本中，虽然简接受她必须完成女性的成就来赚取她的面包，但她拒绝把这些成就作为奖励卖给她。我们已经见过了费代里奇和普塔克展现出的政治姿态，他们让家务劳动和社交媒体中隐形的工作变得可见。除此之外，我们还要扩大这些重要的(至少部分是成功的)运动，它们致力于为性工作争取认可，并革除一些特殊形式的剥削。造成这些特殊剥削形式的正是虚伪的非法化，以及接踵而
91 至的权益和保障的缺位。与第二章讨论的今日巴特比一样，

这些工作者可能“宁愿不”，却不得已而为之。在以上两种情况下，她们不仅为工资而斗争，而且还要让工资关系得到应有的承认，这样方能拒绝“年轻女性化”将工作视为非工作。显然，至少对一些工作者来说，在某些时候，还是可以通过某些策略——通过集体反抗来完成“去年轻女孩化”（de-Young-Girlification），虽说该策略也有局限。

同时，就数字资本主义为我们带来的“年轻女孩”主体性而言，永远值得记住的是，没有所谓的同质文化，也没有所谓的完全由意识形态甚至技术操控的文化。我们在第一章中提到，任何未来的后工作社会都需要对所有的价值观进行彻底的改革（我们目前的价值观在工作意识形态中是如此根深蒂固），也需要重新定义“关照自我”和人类繁荣。我们应该承认：首先，那些在某些方面被当成典型“年轻女孩”的人中，有大部分人都极大地助力了这种自我修养；其次，她们发明了一些新形式的专业知识、判断、自我实验以及享乐，这些发明都可能在这样一种未来为我们所用。因此，我们对“年轻女孩”及其与技术的关系予以同情。1981 年，即在互联网出现的 10 年前，社交媒体 92

兴起的20多年前，唐娜·哈拉维①的《赛博格宣言》（“Cyborg Manifesto”）曾笃定认为，赛博格可以成为一个具有讽刺意味的政治神话傀儡，她认为在全球化下20世纪晚期的资本主义中，“科学和技术的社会关系”会带来两方面的结构性变化。一方面，赛博格代表着“统治的信息学”，包括对“女性化”劳动（“弹性工作制、兼职、加班、即时工作”）日益加剧的剥削。[32] 另一方面，它也意味着其他可能，“高科技文化的断裂式联合”带来了一种新型网络化现实（networked reality），它会阻断父权制意识形态所实施的血统与同族认同主义（identitarianism）神话：

> 赛博格……拒不考虑双性恋、前俄狄浦斯共生、非异化劳动或其他有机整体性的诱惑……赛博格毅然投身偏见、讽刺、亲密和性反常。与弗兰肯斯坦的怪物所希望的不同，赛博格并不指望父亲通过修复花园来拯救自己；也就是说，不用制造一个异性伴侣，也

---

① 唐娜·哈拉维（Donna Haraway，1944— ），当代西方著名的后现代女性主义者、文化批评家，当代网络符号学的重要学者。

> 不用以一具完整的身体、一座城市和一个宇宙来达到完满……也许这就是为什么我想看看赛博格是否能在狂躁的冲动下颠覆回归核尘的末日，说出敌人的名字。[33]

在赛博格的含混性中，我们认出了“年轻女孩”。就像赛博格一样，她代表着由于与科技资本主义纠缠在一起而容易受到剥削的工作和生活形式，但也代表着哈拉维所说 93
的“新兴的快感、经验和权力，它们具有改变游戏规则的巨大潜力”。如果当下网络文化的种种迹象（正如我们将在第四章看到的那样）令人沮丧，那么，网络社交生活的强化是否会最终导致自恋式的自我毁灭，或者导致我们的平台和经济发生革命，使《提昆》描述的帝国式的“年轻女孩”在其他技术媒介的未来中变得无法辨认，这一切目前还没有定论。

艾米还是皮驰斯？

在“年轻女孩化”的过程中，我们主体性和欲望的各个方面都越来越多地被“投入工作”。金融风暴过去的几年后，27 岁的艾米 · 怀恩豪斯[1]和 25 岁的皮驰斯 · 格尔多夫[2]相继辞世，公众对这两位"真实的"年轻女孩之死表现出不同的态度，而这态度上的差异恰恰记录了"年轻女孩化"的过程。总的来说，她们提供了一个关于毕生之业发展的症候式故事。怀恩豪斯的创作才能可以通过简单比较两首具有代表性的歌曲来概述，这两首歌曲分别出自现代嘻哈爵士乐专辑《弗兰克》（"Frank"，2003）和模仿女团灵魂乐的专辑《重回黑色怀抱》（"Back to Black"，2006）。在《听说爱情是盲目的》（"I Heard Love Is Blind"）中，怀恩豪斯歌中的人物找了一长串借口或试图消除其男友疑虑——她酒后出轨只是因为对方长得和他酷似。歌中人物每每要对往事进行补救的时候总是会出现反常——她总会漫不经心地引入一些令人苦恼的性爱细节：凡是对她而言可以减轻罪恶感的事情（据我们推测）恰恰很有可能令他

① 艾米 · 怀恩豪斯（Amy Winehouse，1983—2011），英国爵士乐女歌手、词曲作者。2011 年 7 月 23 日于家中逝世。

② 皮驰斯 · 格尔多夫（Peaches Geldof，1989—2014），英国模特，英国摇滚乐明星鲍勃 · 格尔多夫与主播葆拉 · 耶茨之女。2014 年 4 月 7 日被发现死于家中。

愈加心碎。《弗兰克》里的这首歌在专辑《重回黑色怀抱》 94
中得到了回应，在歌曲《你知道我并不完美》（“You Know I’m No Good”）中，性不忠再次激发了两人欲望之间的某种误解。同样，歌曲中说话人赋予特权的性爱对象并不是听她说话的男人，而是一个——好似——不在场的男子。怀恩豪斯在《弗兰克》专辑中一首名为《男人这回事》（“What Is It About Men”）的歌中对我们要亲历的婚姻进行了诙谐的“劝退”。正如在前一首歌中，只有和情人在一起的时候才会想到男友，怀恩豪斯歌中的说话人只能在一种拼凑形象中获得性高潮——一方是出轨男子肉体的在场，另一方是对不在场男友的幻想。然而，本次冲突的根源不在于男友对其描述行为应有的嫉妒，而是出自他的冷漠。

以上案例展现出了怀恩豪斯关于欲望的老练创作，这让她成为完全适合“年轻女孩”时代的艺术家。《提昆》写作的题材是一种据说对我们所有人而言越来越常见的“女孩”特质，尽管我们于其中无法“亲历”快感，但这种快感总是——不知怎么地——朝着一位想象中的观众展开操演，怀恩豪斯的歌就是在这样一种体系下对日常欲望感受的概述。与此同时，即使这些歌曲说到了一些关于欲望的

介入本质：我们的欲望总是以意想不到的方式依赖他人的
95 欲望，或者意外地回应了他人的欲望，这是她的“年轻女孩”艺术能够异常清晰表达的东西。但这只是故事的一部分。正如阿西夫·卡帕迪亚（Asif Kapadia）的纪录片《艾米》（*Amy*，2015）中收集的素材所提醒我们的那样，怀恩豪斯职业生涯的发迹正值早期英国狗仔队公然野蛮生长的顶峰，在电话窃听丑闻和随后的“莱韦森调查”[①] 之后，这些狗仔队方才披上一层克制的外衣。[34] 怀恩豪斯在全球火了大致有五年，其间蜂拥而至的镜头记录了她的生活方式及其因酗酒、吸毒与贪食症而不断恶化的形象和健康状况。直至 2011 年其尸体从位于卡姆登镇的家中被搬走，她一直无法避开镜头“优待”。

在这些年里，人们老生常谈地认为，怀恩豪斯的现实生活和她的代表作《复原》（“Rehab”）已经达到了相辅相成的地步。她的创作“工作”，她经常在出演时因大醉而无法工作，她身体崩溃后的“非功效”，以及她的私生活在

---

① “莱韦森调查”（Leveson Inquiry），是英国政府于 2011 年启动的一项调查，旨在调查英国报纸业的道德和行为准则。

小报上事无巨细地被“投入工作”，这一切都汇聚在一个单一的“年轻女孩”对象上。但卡帕迪亚电影中积累的素材却呈现出另一种语境。这部纪录片使用的档案素材源自怀恩豪斯家人和朋友，这让电影本身记录下了家庭记录技术27年间发生的变化——从颗粒面胶片模拟便携式摄录一体机到早期具有数码相机功能的照相手机，电影同时也记录下了使用该技术的变化。和卡帕迪亚在《时尚》（*Vogue*）杂志上的反思一致，就在怀恩豪斯去世后的几年里，人们 96
的习惯发生了重大变化。怀恩豪斯朋友们因一时兴起拍摄的那种粗心大意的业余画面已经陷入了这种情形：“你拍完后自己可以把它发在照片墙（Instagram）上”，“大家什么都拍，想着有一天可能会有用，或者他们会将其发布出去”。[35]

像许多女性名人一样，怀恩豪斯被“年轻女孩化”了，她生活的方方面面——从生理上看——都被“投入工作”以生产影像，虽然这一切大多都发生在社交媒体之外，但这一事实使她的例子似乎已经属于另一个世界。与此同时，她也是“一系列作品”的作者，虽然这些作品经常与她作为公众人物的生活之事实有所重叠或者利用了这点，但这些作品也有其独立性。严格来说，她的死可以作为一位艺术家的死亡来哀悼，发行致敬专辑和翻唱版本，以及在她去世后认可其音乐中饱含了人们未曾经历的伤感。但是几年后，另一位年轻女性名人，即作家、模特兼媒体人皮驰斯·格尔多夫的死亡又是怎么一回事呢？格尔多夫在2014年因过量吸食海洛因死亡，英国媒体当时进行了铺天盖地的报道，但同时也夹杂着一丝尴尬，不仅限于那些日常热衷嘲讽之人发出的讥诮，他们认为这种关注是不该有的。毋庸置疑，很多人对这位年轻女子的死感到由衷的悲伤。但他们究竟在哀悼什么呢？

97 与怀恩豪斯或其他传统艺术家不同，格尔多夫没有留下什么具有一致性的“作品”，因此那群靠作品决定认同的观众也就被搁置了。相反，在她去世的时候，她的“作品”恰恰是她的个性和私人生活之类的东西，反复操演于多个社交媒体平台。正如戴安娜·查尔斯沃思所说，格尔多夫推特账户的特点是有“足够好”的名人母亲人设——既没有完美的抱负，也没有尴尬的窥视欲，这引起了年轻女性和工薪阶层女性的共鸣。在格尔多夫帖子下方的评论中，她的粉丝们形成了一种“集体动力，在成员之间提供建议和分享信息，并不仅仅关涉格尔多夫”。[36] 由于这些足以令人兴奋的私人生活大片地取代了独立的创造成就，我们可以说，格尔多夫的死好似某些更加能激起人们怜悯的事，因为一件自主的“作品”取代了她并将一直延续下去。当一个人的全部作品都是其个性时，其死亡很难被当作是私人的。[37] 虽然“为出名而出名”的人设早在平台资本主义之前就存在了，然而，基于不断更新“作品”来绘制一个人的日常生活，这种如此具体的存在之可能，显然是平台资本主义所特有的。怀恩豪斯被迫接受了《提昆》杂志告诫要提防的那种恶毒的“年轻女孩化”，这在很大程度上也是逼死她的元凶。但“年轻女孩化”与此同时也扎根于一部独立的作品中，这部作品本身是对我们“年轻女孩”部分
困境的可疑分析。相比之下，格尔多夫的“作品”都是 98
“年轻女孩”。这两种高度媒体化的死亡之间的转变和差异，正逐渐落到我们看客的头上。格尔多夫的例子似乎也早已相当陈旧，现在可是卡戴珊家族的时代。卡戴珊家族成员熟练地将自己标榜为所谓“完美滥交与创业型分享主体……他们既是疯狂传播的主体，也是其客体”，他们在众多平台和媒体公开发布自己的生活日常以及其不断整形的

肉体。[38] 但是，我们不再认为这是一种名人现象，而是转而探究“作品”的结构是如何出现在这两位女子的“年轻女孩”之死中的。这恰恰代表了我们共同的经历。

“年轻女孩”不易

> “我太幸运了。我以前这样做只是为了展现自己——现在我可以靠它生活了！”[39]

这是初代从平台活动中赚大钱的油管（YouTube）博主的常见说法。它总结了在 Web 2.0 早期互联网成名神话中的一个核心故事：视频分享平台的贡献者开始在业余时间发布视频；出于无聊，找点乐子，完全免费，自娱自乐，为了与其他用户互动并获取社区体验。他们把自己谈论生
99 活和兴趣的过程都拍了下来：方法教程、评论、视频游戏、时尚、喜剧、政治、个人危机和日常生活的记录；覆盖以上一个领域、几个领域或全部领域。当他们的粉丝达到了一定数量，令他们自己惊讶的是，他们会从自己发布视频

播放前插入的广告中获得收益。有些人的收益额堪比一份能养活自己的工资或者甚至是一份高薪。其他社交媒体平台（如照片墙和推特）也为一些出于其他原因访问并为其做出贡献的人带来了生意。他们共用一套意外成名的叙事，成名最初是源自网上不经意的自我表达，而后成了工作："做自己"的工作。

油管（YouTube）的商业模式以垄断和集中用户注意力获取广告收入为基础，那些从公司的小头利润中赚取数百万美元的贡献者当然是例外。与此同时，大多数在社交媒体上成名的人，从一开始就非常清楚他们是在销售产品。[40] 尽管如此，在一种以表现亲密关系为核心的媒体形式中，网络意外成名的神话仍然影响不凡。我们认为，这也标志着"年轻女孩"发展史上一个值得注意的时刻。在本书的开头，我们注意到特奥多·阿多诺将"自由时间"视为劳动的辩证反面，是资产阶级对"未经介入之生活的绿洲"的伪装。阿多诺认为，20 世纪 60 年代的美国人被培养出了一种恋物癖，他们迷恋日光浴、露营和 DIY，这样他们就不会受到蛊惑去利用空闲时间来创作激进的艺术作 100
品或进行批评，而这些作品可能会挑战他们出售劳动力的机制。[41] 因此，爱好被视为是对一种有组织但严格意义上不具备生产性的活动的发明，将其与工作世界分离是为了让爱好得到维系和合法化。阿多诺在他那个时候曾指出两点：首先，爱好驯服了闲暇时间，不受管制的闲暇时间威胁着消费社会；其次，作为自由的闲暇时间是种使工作者顺从的幻象。虽然阿多诺的观点正确无误，但引人关注的却是这些资本主义控制的形式，它们今日几乎遍布我们社会各个角落。从早期互联网上的“网奴”（netslave）① 志愿者，到为了改进游戏行业而不计个人回报的游戏修改者——模组修改者（modders）②，批评家们注意到，“免费劳动”和

① 这也是源自奈格里所谓的“非物质劳动”下派生出的“数字劳动”，意大利学者泰拉诺瓦（Tiziana Terranova）将一类网络上的劳动者称为“网奴”（netslave），他们在线上遭人剥削，但却享受着这个过程，尤其是线上多人游戏中的免费劳动以及“打钱”（gold farming）这种有组织的具体活动所产生的游戏劳工。花钱打游戏的愉悦被资本转化为了无形的劳动和隐匿的剥削。

② 该词有两个源头，一方是基于游戏模组（mod）的创作者，另一方是基于游戏模组修改（modification）的作弊者，鉴于此我们统称为“模组修改者”（modder）。游戏行业基本是通过设定开发者和玩家两个部分运行的，其基本规则是开发者做游戏，玩家买游戏来玩，开发者获取收益后继续开发游戏，形成一个闭环回路。但从 20 世纪 70—80 年代开始，“开发者”与“玩家”之间的界限开始变得模糊，出现了一群非常（转下页）

“玩工”（playbour）① 的形式在数字世界日益盛行。[42] 在意外成名的神话中，“玩工”被抬到一种完美的高度，这显然有悖于阿多诺关于工作时间-爱好的辩证法，即空闲时间下游戏无缝转化为职业。

在这种完美的情况下，劳动自发找上业余爱好者：我们显然可以将个性认同与操演的数字化行为直接转化为

（接前页）特殊的人——模组修改者，其中的“玩家”开始扮演“开发者”的角色：他们不仅有能力做修复游戏问题（bug）的补丁，改善游戏的体验，甚至会为了满足不同玩家的需求或自我表达而进行的游戏内容“篡改”。同时，这群人热衷于将修改后的游戏在网络社区进行分享，鉴于该行为大多基于他们的兴趣而非工作，下载他们修改/创作后的游戏模组大多情况下是免费的。这群人刚出现时，广受厂商和玩家的欢迎，认为他们的“无偿工作”代表着纯粹的开放表达和分享精神；而后却出现了争论，其中最著名的负面事件是在 20 世纪 90 年代末和 21 世纪初的高峰期时出现的“热咖啡事件”（hot coffee incidents）。2004 年发行的《侠盗飞车》（*Grand Theft Auto: San Andreas*）中有段情节，女孩通过邀请男主角“喝咖啡”增加好感度，随后发生亲密关系。原游戏避免了实际发生关系的镜头。然而，随后网传一模组修改者创建了一个模组将原游戏中抽象的性爱过程进行了具体化，做成了一个可以由玩家实际操控主角并全程观看的小游戏插入原游戏。

① playbour 由 play（游戏、玩）和 labour（劳动）拼合而来，该词可以理解为将工作与娱乐相结合。原指“游戏模组爱好者”，由爱尔兰学者尤里安·库克里奇（Julian Kücklich）提出。

“流量”，这反过来似乎也可以直接“变现”。这种情况会明目张胆且有组织地提出要求——我们要不断且专业地展开操演，以此保住我们的流量和收益。在空闲时间和劳动时间之间的差异变得全然无足轻重的情况下，主见（self-as-
101 sertion）通过现有技术与市场当下的形态密不可分。这种完美的核心在于一股吸引力——要对讨自己喜欢的女孩子进行即时的财物“打赏”。这种想法打着“奖赏听话的女孩”的名义，先例还不少。格林兄弟收录的 19 世纪传统童话故事中有一则《霍勒大妈》，其中有位名为“金玛丽”（Goldmarie）的女孩，她虽然“性格温顺，面容姣好”，但却有一大堆家务要处理——把快烧焦的面包从烤炉上救下，把烂熟的苹果从树上摇下。她二话不说把活都干了，绝不多问一句。最终，这个女孩得到了一大堆金币作为奖励，这些金币粘在她的衣服上，在她回家的时候，标志着她作为“金姑娘”（the golden virgin）在道德-家庭和经济上的双重美德。[43] 对于这个温顺的女孩来说，金子来自一个近乎神圣的乌有之地，最佳的回报方式是奖赏而非薪酬，这种古老的幻想在社交媒体明星身上得到了神化并找到了当下的表达形式。

然而，这里有一个值得注意的历史特殊性。“网红”所依赖的诸多新技术也会带来很多古怪且具有明显矛盾的后果，其中之一便是闲暇时间与劳动、热度与回报——它们一方面似乎被牢牢地绑定在一起，另一方面又遭到前所未有的割裂。视频博主加比·邓恩（Gaby Dunn）描述了一种日益常见的经历，它通常发生在“中层网络人物”身上。这群人算不上有顶级收入，尽管他们在网上拥有大量粉丝，但没有产生足够的数字利润来将流量转化为赖以维持生活的工资。这群普普通通的网红经常会被兴奋的粉丝认出， 102
而他们还是不得不做一些琐碎的工作来维持生计，以至于会出现一些尴尬的场面——与粉丝在咖啡连锁店或百货商店收银台相遇。正如邓恩所说，“网红太显眼了，他们不适合‘真正的’工作，但囊中羞涩的他们又不能没有工作”。当植入广告成为网红补充收入的一个重要契机时，他们很难向受众保证其一贯的“真实性”，而且任何对受众品位的误判都会立即引发“取关”的惩罚。[44] 对于网络独立创作者来说，梦想有“金玛丽”式主动回报的另一面也太过于显而易见：“流量”可能立即“变现”，也有可能竹篮打水一场空。

曾经，成名只有基于唱片公司、广播公司、电影制片厂和纸媒才有可能，挑选潜在明星的把关人也共享了推广其作品内含的劳动、风险和收益。自我表演的数字平台之“民主化”创造了极度过剩的流量劳动，在结构性异化中生产出自愿且无偿的内容，经由数字硬件和软件供应商、互联网和电力公司、大数据的卖方和买方、平台运营商和广告商完成数次变现，但某些内容生产者只有在某些时候才能获得微不足道的份额。创意产业长期依赖不稳定的劳动
103 力，在互联网发明之前，人气是种急剧波动的商品。但是，资本代理人在网上开发社会劳动力资源的方式多种多样，令人瞩目。早在 2000 年，蒂奇亚纳·泰拉诺瓦已经提出，互联网在“文化和技术劳动的交界”处促成了对线上活动的“直接估价”（immediate valorization）。[45] 今天，油管（YouTube）接收了所有那些曾经在选秀活动中落选的人，以及那些只想抱着自己的梳子唱歌的人，并从他们和他们的观众身上获利，整个过程相当独立，丝毫不顾他们理解的自己与平台的关系——不论是工作还是娱乐。[46]

从某种意义上说，在资本对生活的这种“直接估价”中，自发式回报的神话被废除，并显示出其真实面目。网

红们表面上把闲暇时间的娱乐变现，但实际上，为了获得非常不确定的收益，他们必须要妥善处理日常流量中的情感劳动（affective labour）。网红可以成为“零工经济”机制的典型代表，从任务兔（task rabbit）[1] 到优步（Uber）；名气本身已经成了一份零时合同（zero hours contract）。一方面是油管（YouTube）博主和播客主播，另一方面是领任务的人，相同的是，他们都见证了传统雇佣中的社会基础的彻底消亡：不再有常规发放的工资，没有养老金，没有福利，没有权利，没有同事——总之，没有工作。如果说它们会直接估价，如果真是如此，那也是指在数字资本主义的基础中缺乏雇佣中介。这样的管理体系使自由劳动力很容易被挖掘利用，但却使其主体很难在争取工作条件 104

[1] 任务兔实际是个“跑腿”网站，由丽雅·巴斯克（Leah Busque）创立，最初名为“为我跑腿”（Run My Errand）。人们可以在线上设定一个“跑腿人”看不到的最高价发布工作内容，由“跑腿人”开始竞拍，并注明他们接受的最低价。任务发帖人可以根据评论和跑腿人等级以及竞标价来选择跑腿人。跑腿人认领任务后，完成即可得到相应的报酬。其运行模式类似于游戏机制，以完成任务获得点数并得到升级。该网站上的任务内容五花八门，从送信、买啤酒到家装，从而实现对现实世界劳动力的买卖。作为一项创新服务，它为很多失业者提供了工作。

的斗争中牢牢抓住任何有形的对手，甚至连诉苦的对象也难寻。因此，在雇佣劳动的结构和机会逐渐消失的今天，“年轻女孩”的辛勤工作就是以数字为媒介的生活表演，使数字资本可以直接榨取她的价值。

我们可以说，从艾米到皮驰斯，那群连房租都不知道如何支付的网红代表了草根名人的发展趋势。草根名人最重要的特点是，我们没有人完全不受其影响。我们之中那些不主动以社交媒体为职业的人，也日益被迫以同样的形式并遵循同样的规则在网上展示自己。拥有十亿用户的脸书只是一个最为显而易见的例子，这个平台非常重视视觉素材和“点赞”，培养其用户去记录和策划他们的生活，供公众评判和认可。[47]

名人原则，即将对流量的社交劳动作为线上社交的基本行为，于此得到了强化和规范化；即使对于那些不怎么出名的人来说，它也会提供一些意想不到的盈利形式。早期的一个例子是利用社交媒体为慈善机构募捐；在新千禧年头十年，一个为人们所熟知的中产阶级赞助者形象通常是这样呈现的：这位赞助者有位好友请求他向慈善机构以他们的名义进行捐赠，他们会一起完成一趟马拉松，共攀

乞力马扎罗山，或者一同骑行穿越沙漠。但很快，个性化 105
在线捐赠变成了众筹，众多像 Kickstarter 这样的平台提供了筹款机会，以支持创作项目和新创公司业务，而像 JustGiving 这样的平台则为遭受个人灾难或需要接受昂贵医疗的人筹集资金。这两类募捐都为其目标筹集到了极大数额的资金，而这些目标通常捕获了网友的兴趣与同情，但这两类募捐也表明，为了日常生存而出售流量的想法已经变得如此司空见惯。艺术预算上出现了削减，但 Patreon 平台上还有人支持街头艺术；公共卫生医疗系统无法运作的时候，但还是有人要说服你——你应该获得这笔救命钱来完成生死攸关的手术。安妮·海伦·彼得森（Anne Helen Petersen）指出，在美国，医疗众筹越来越普遍，但大多数众筹都投向了癌症等“无可挑剔”的疾病，而不是成瘾和精神健康问题等“应受谴责”的疾病。[48] 不是每个人的绝望都像乔伊·罗特（Joey Rott）的悲剧那样值得别人资助：他是拥有三胞胎的年轻父亲，妻子死于难产。也不是每个人都能像凯蒂·麦克法兰德（Kati McFarland）那样，通过在电视辩论中头头是道地挑战他们州的共和党参议员，让人们关注她的病情和众筹活动。[49]

如果说私人慈善总是倾向于自由主义，削弱国家资助
106 的福利功能，那么众筹慈善则更进一步，因为基本的个人需求被当成了推销手段，众筹慈善正常化了这一过程，没有给权利和要求的表达留下空间。这里值得注意的是，众筹虽常常满怀道德仁义，但却不为任何一隐秘的道德意图所约束。事实证明，为丰胸而擦边色情的个人筹资与“无道德污点的病人”的个人筹资，二者热度相当。他们的共同点是热度，而非道德。尽管“数字时代的金玛丽”需要完成任何一个数字社交语境要求她做的任何工作，但衡量其成功的标准只看有多少流量变现了。联合国安理会在2017 年的一次会议上，为同情经济（sympathy economy）这种形式的对立面提供了一份案例：发言者指出，东非有2000 万人口受饥荒之困，国家和私人层面的捐助却对此视而不见，截止至 2017 年 3 月 10 日，急需的 21 亿美元救助金仅仅筹到 6%。我们似乎还无法用“年轻女孩”的概念来谈论非洲；我们愈加强烈地欲望着个体所展现出的情感劳动和亲密表现，而 2000 万非洲人过于抽象，无法做到这一点。[50]在这里，“年轻女孩”的文化机制以另一种令人不安的全球性方式出现；如果我们在数字社交生活中成为其

剥削形式的受害者，那么我们也会让世界上其他人都受制于其规则。

我们在本章开头指出，我们见证了“年轻女孩”的发展历程，它有相互依存的两面：一方面，它囊括了各种各样形式的活动——在为资本积累财富的同时却不被承认为劳动；另一方面，它是关于人类欲望与资本相绑定的谱系。107
我们在本章一直探讨的情感劳动拥有诸多新形式，这些形式中有令人困扰的方面——如同当下近乎所有对 21 世纪游戏与劳作的分析都面临着障碍——那便是：我们的欲望被数字资本主义如此有效地“投入工作”。意大利自治主义者的思想和法国批判理论及其后继理论已经成为我们最可依赖的资源，用来阐明晚期资本主义如何生产特定的主体性。我们何以可能叫停对这类主体性的生产？这个问题在金融危机、数字自动化、气候灾难，以及近期西方政治共识的突然崩溃和极右势力崛起的紧急背景下，悬而未决且不断加剧。我们如何摆脱对“自我估价”的渴望？如何摆脱对资本主义下好女孩工作的渴望？

1755 年，让-雅克·卢梭在他的《第二论》（*Second*

Discourse)[①] 中认为，人类的麻烦始于原始人，他们以前是独立和自由的，错误出现在往性中加入了爱与语言，并由此形成了一种共享文化：

> 随着思想和感情的相互推动，心灵和智力得到培养，人类变得更善于交际，联络增多，关系也更加紧密。人们开始习惯聚集在自家小屋前或一棵大树周围；歌唱和舞蹈是爱情和闲暇的产物，它们成了一群群闲暇男女的娱乐活动，或者说是职业。每个人都开始盯着别人看，也希望别人盯着自己看，他们最为珍视的恰恰是公众的尊重。谁唱歌或跳舞最好，谁长得最好
> 108 看，谁最强壮，谁技术最佳，谁最雄辩，谁就会赢得最高的尊重，这是迈向不平等的第一步，也是迈向恶的第一步。这些最初的偏好，一方面引起虚荣和轻蔑，另一方面又招致羞耻和嫉妒；这些新变化酝酿而生的一系列负面影响聚作一团开始发酵，直到将幸福和纯洁一并葬送。[51]

---

① 即《论人类不平等的起源和基础》。

卢梭在此处已经承认，闲暇活动是一种“职业”，是一种工作形式，是与获得认可和公众尊重的工作绑定的。在卢梭的描述中，会有一种为个人尊严而展开的原始斗争；后来马克思主义思想家也提出了在资本主义下的自我估价。当然，前者和后者不可同日而语。即使这位启蒙时期的思想家作为当时最悲观的人，他还是无法想象为出名而争斗。正如今日算法拼死要挣得流量一样，即使音乐、舞蹈、体育和手工艺这些不同门类都有了普遍认同的质量标准，为出名还是会发生竞争。尽管如此，还是存在这样一种判断：卢梭指出有一类古老的“年轻女孩”在社会自身的起源之初便开始发挥作用，并以同样的方式，在所有社会苦难与不平等之起源也发挥着作用。卢梭提出了一段清晰的线索， 109
从纯粹功能上的性到爱情，到建筑和家庭，到语言和意义，到艺术和文化，到作为炫耀和故意自吹之场所的社会，到战争和暴力。我们无须赞同卢梭也能知晓其观点的益处，他在人类生活与工作的讨论中点出了一些棘手的问题。卢梭 20 世纪最重要的读者雅克·德里达表示，卢梭的作品中横亘着一种双重倾向：一方面想要确定人类的纯真起源；

另一方面又承认，从一开始，人类生活就已经被技术、语言和最广泛意义上的语音发音过程所介入。[52] 如果我们考虑到上个世纪这一关键哲学成就，即承认人类的生活和工作间存在不可分割的技术性，由此出于我们对“年轻女孩”的考量继而承认社会也存在这样不可分割的技术性，那么，我们就不可能留意到一个可以让自己欲望完全“下线”的地方，甚至也无法注意到一个线上乌托邦的存在——在那里的“诸众”（multitudes）可以通过某种形式的中介权力关系之外的技术手段相互接触。

我们将在下一章就工作的未来这个问题来讨论该议题。我们暂时得到的结论是，承认社会原初的技术性可能已经帮助我们改变了我们对“年轻女孩”的一些负面品质的看
110 法。如果石器时代的斧子与美妆之间的差异没有那么大，如果欲望不羁的潜能总是被技术以某种方式介入和引导，那么，这或许能助力我们将注意力聚集在如何重新与我们的社交技术进行连接，而不是如何摆脱它们。

第四章　资本主义之后的三种渴望方式 111

我们首先再次回到上一章结束时讨论的文本。让-雅克·卢梭的《第二论》开篇就对书写过去的困难进行了精彩的描述。卢梭声称，为了描述文明之前自然状态（the state of nature）下的人类，每位思想家都将目光投向过去，但最终却将从自己当下写作时代臆想的行为和欲望说成是前人所有的。霍布斯和拉罗什富科是 17 世纪著名的犬儒主义者，卢梭批评他们尤甚。通过“证明”人具有原始和自然的野蛮倾向，他们一直在论证自己从负面来看待人性是 112
必然的。实际上，卢梭认为他们的主张是误导性的自我确认，因为他们认为存在于过去的邪恶行为不过是他们同时代人向过去的投射。“所有这些哲学家……总在谈需求、贪婪、压迫、欲望和骄傲，他们把从社会中汲取的观念引入自然状态。”无论他们在历史重建方面取得了什么成就，卢梭之前所做关于“自然状态”的描述——卢梭声称——未能将人类主体本身历史化，而人类主体在过去的形式下必然完全不可知，也不可能复原：“他们谈论野蛮人时描绘的是文明人。”[1]

在这一分析中，卢梭的对手们表现得很像汉纳-巴伯拉①的动画片《摩登原始人》（*The Flintstones*），它在史前时代发现了典型的现代家庭，以及动画自身所处的 20 世纪 60 年代郊区消费品位和习惯。对卢梭来说，站在他对立面的哲学家甚至忽略了一个他们都已知晓的事实：早期的人类实际上可能非常善良或道德高尚。这么一来，争论从一开始探讨过去的不可知，很快发展成了讨论未来之可能。假设今日之“坏欲望”仅仅是环境产生和后天获得的——而非亘古不变的和原始的，如果上述假设表面上讲得通，那就意味着“坏欲望”可能会被克服，我们可以找回人类早期的“好欲望”；卢梭在别处提出了这项乌托邦式政治计划，其计划的关键就在于这份赌注。然而，正如一些人对

① 汉纳-巴伯拉工作室（Hanna-Barbera Studio），由创立者威廉·汉纳（William Hanna）与约瑟夫·巴伯拉（Joseph Barbera）创立，缔造了《猫和老鼠》的动画传奇。

卢梭的评论，这类讨论的框架让卢梭陷入了一个小小的困境。原因在于，卢梭又何以妄然推断人类主体在坠落之前所具备的美德？根据他自己对其他思想家的批评，定义这种“坠落之前”（pre-lapsarian）状态的是一种我们无法横越且无从知晓的差异。[2] 卢梭声称要避免历史重建的假设，转而采用一种有意为之的虚构性“假设和条件推理”（hypothetical and conditional reasoning）。[3] 尽管当下充斥着无知的现代性，但除此之外，我们还能找到哪个有利位置来对过去做出这般虚构性推测？[4] 卢梭必然要陷入自己推想的对立面，即霍布斯和拉罗什富科的“‘原始人’/‘打火石’谬论”（Flintstones fallacy）：假设从当下认可的行为之视角来谈论前人的美德。由于卢梭也用这些说法来预测未来的人，这便显然出现了“杰森一家”谬论。《杰森一家》是《摩登原始人》的姐妹动漫剧集，它在舒适的全自动化未来，呈现了一个实行家庭工资制①的核心家庭。这种谬论假设，未来人的性格、身份和欲望可以根据现代人的标准 113

① “家庭工资制”（family-wage）是指 20 世纪中叶美国与日本出现的一种制度，它承认并认可女性在家庭中展开的再生产劳动，并提出一份工资来支撑家庭的运转，其中包括赡养老人和照料孩子的费用。（转下页）

来评估，即使我们假设未来生活的其他一切都是不同的。E. P. 汤普森①评论说，威廉·莫里斯乌托邦式创作的目的是“教会我们去追逐欲望，去欲望更好，去欲望更多，最重要的是，以一种不同的方式去渴望”。[5] 但在“杰森一家”谬论中，当下的欲望丝毫不肯让步。

114 在本章中，我们以当下对“后工作”的思考方式研究了上述问题的三种变体。首先，我们要拓展第一章展开的反工作作者批判，进一步考量我们在那里发现的道德规范倾向的另一面。这便会出现另一种乌托邦，它不寻求创造新欲望，而只是满足我们已经拥有的欲望。其次，我们要呈现硅谷“实际存在的”后资本主义是怎样以“欲望是什么”的本质化和静态概念作为其地基。最后，在更加正面地阐述“杰森一家”悖论时，我们也要思索一下：我们现有的欲望被假定为是“不良的”，与汤普森著名的论断相

（接前页）尽管如此，它还是一种与男性主导社会的经济交涉，在同工同酬来临之前，依旧假定了男性作为经济收入的主力来养家，而女性必须照顾家庭。

① 爱德华·帕尔默·汤普森（Edward Palmer Thompson，1924—1993），英国历史学家、作家、社会主义者、和平活动家。“道德经济学”是汤普森提出的一个重要的概念。

左，这些“不良欲望”终究无法改变自身，那么，环绕他们组织一项解放计划的话，这个点子对工作话语而言又有何益处？

反工作写作中的“杰森一家”谬论

约翰·梅纳德·凯恩斯为“后工作”乌托邦主义的现代版本做出了奠基性贡献，他在书中阐述了所有反工作写作可能包含的真正伦理内涵：

> 有史以来，人类将首次直面他们真正且永恒的问题——如何在紧迫的经济操劳外享用自由，如何利用科学和复利（compound interest）为他们赢得的闲暇时间，明智地、愉快地、幸福地生活。[6]

这是一个相当超前的前景。凯恩斯的主张无异于表明： 115
没有工作（或少了很多工作）的生活，将是我们第一次直面自己的欲望。我们将不再诉诸责任和必要性（也不再以疲惫为借口）：我们将不得不做我们想做的事。然而，把我们想做的事这个问题称为人类“永恒的问题”，就无意间留下了一种可耻的可能，即这个问题不仅一直与我们共存，而且由于它是永恒的，由此永远不会得到解决。碰巧的是，西格蒙德·弗洛伊德恰好在《文明及其不满》（*Civilization and Its Discontents*）一书中也同时提出了这一主张，该书比凯恩斯1929年的论文早一年出版。在差不多算书中唯一提到苏维埃共产主义的地方，弗洛伊德认为，无论苏联人在经济模式上是否运作正确，他们错在声称共产主义可以让每个人都愉快地从事“任何必要的工作”，余下的时光中可在平和和睦的状态下追求闲暇。[7] 弗洛伊德的整本书都在探讨其中的原因：欲望以无数方式先在并超越其客体和动机，它易于遭受转移、挫败、控制，并被扭曲成事与愿违的形态。对弗洛伊德来说，任何一种人类文化都是如此，无论它选择什么样的经济模式，也无论有多少工作要做。欲望仍将是无法解决的“永恒的问题”（用凯恩斯武断的术语来说），即使大多数我们所谓的物质障碍都已消除。

然而，我们陷入了一个（至少可以追溯到卢梭的）困
116 境，书写未来就需要抑制这个问题，至少在某种程度上是

这样。我们将如何生活在共产主义努力实现的社会？尽管马克思本人对这类思考也明显存疑，但却提出了两个似乎相悖的说法。第一，“废除事物现状”的革命性变革必须始于物质性“现在前提”，而非遥远的猜想。第二，资产阶级文化的“预定标准”可能会缩小我们可做之事的范围，该做法会排除革命性未来的可能。[8] 对未来直言不讳是危险的，因为这类推断既没有充分基于当前的需求，又过于受到当前需求的制约。对于无政府女性主义者爱玛·戈德曼来说，如果基于第二种抱怨（即上述马克思的第二种说法）而言，俄国革命本身就不达标，确切而言，这是因为革命前的文化极大地限制了它的可能性。放任“潜在的思想和价值观”，俄国革命只能产生“流于表面的改变”。[9] 我们不能假设“杰森一家”的生活中存在同样的欲望和动机，仅仅因为他们拥有更好、更公平分配的小发明。该假设常常被视为任一激进经济和文化变革计划的基础。但正如凯特·索珀在她有关乌托邦和欲望的著作中指出的一样，这种思想的不可能之处在于，如果现有“需求结构”和新社会结构之间缺乏“一些最小的连续性”，就很难看到“首先”冒出“革命政治意志（the political will to revolu-

117 tion）”的地方。[10] 索珀认为，只有当过去的制度和影响变得无影无踪时，剩下的激进分子才会承认革命发生了。他们会“要求我们承认某种社会形式是对其所取代旧制的改进，同时却佯装无视一类人，让人误以为它能顺应这群人的需求与欲望”。[11] 另一方面，任何让乌托邦式未来变得具体的企图最后都以承诺告终，它从工作终结“这一面”来承诺满足各式各样的欲望。然而，当我们身处那样的社会时，这种乌托邦式未来可能全然变样了。

这种困境的一个新变体出现在了所谓的“全自动豪华共产主义”（Fully Automated Luxury Communism，简称 FALC）这一同时具有煽动性、讽刺性和绝对真诚性的口号中，同时也出现在它所唤起的另一种后工作乌托邦中。阿隆·巴斯塔尼（Aaron Bastani）在 2015 年为 *Vice* 杂志撰写的一篇短文中（几年后，他发表了同名的宣言）将南非奢侈品巨头约翰·鲁珀特（Johann Rupert）设想的未来与时任英国财政大臣乔治·奥斯本（George Osborne）提出的未来进行了对比。奥斯本在 2015 年的选举中看到选民同意他极端的开支削减计划，并开始寻求将这些措施扩展到实行“永久紧缩”政策的未来。相比之下，鲁珀特担心的是，许多经济学家预测中的大规模自动化和失业，将给他拥有的奢侈品牌带来一场行业生存危机，因为买得起他们产品的人会越来越少。巴斯塔尼认为，相信鲁珀特的话就会让我们走向一条偏离奥斯本式紧缩未来的路，将“全 118
自动”和奢侈品消费权结合起来，成为“我们一生的政治冒险”：将人们熟悉的从工作中解放出来的需求与“人人都有卡地亚、万宝龙和蔻依”的愿望结合起来。[12]

关于“后稀缺”① 未来的空想常常是在极度稀缺的情况下提出的。凯恩斯这篇文章的修辞变化的关键在于，其写作有着这样一个背景：在大萧条最严峻的时候，这种繁荣的到来似乎非常令人怀疑。美国民谣中有一种关于后工作、“后稀缺”世界的亚类型，在这个世界中，“树上长满了香烟”，“湖里也满是炖肉和威士忌”，那里的“母鸡会下溏心蛋”，以及“那里不会有短柄铲”，而这首歌里的说话人自己是个一贫如洗的流浪汉。[13] 正如我们在第一章所看到

---

① “后稀缺”（post-scarcity）是一种迄今还未实现的社会。在这种社会里，商品、服务、资讯都可以被人们无偿占有，货币也将不复存在。人们不再需要付出任何劳动。

的，意大利自治主义者和“家务劳动有偿化”运动的反工作构想是在经济危机和战后经济共识崩溃的背景下提出的。当前的反工作写作浪潮——以 FALC 口号为其转喻——遵循了这种模式，它构思于 2008 年全球金融危机后的经济衰退背景下，在不稳定的年轻毕业生中流行起来。[14]

甚至可以这样说，当下的情形是食不果腹，但反工作写作要求的是肉山脯林，二者间一贯的差异在最近这波浪潮中愈加凸显，因为它出现在迫在眉睫的气候灾难之大背
119 景下。FALC 的支持者们小心翼翼地吹嘘“后稀缺”技术有绿色环保的特性，如 3D 打印、机器工人和实验室培育的食品，并强调它们有能力来改变今日不平等且破坏环境的全球供应链。但二者之间的分裂感并未由此完全消除。一方面，巴斯塔尼要求“人人都有卡地亚和蔻依”；另一方面，类环保主义话语会要求“去增长”（de-growth），而联合国的一份报告宣布欠发达的古巴是世界上唯一一个环境可持续的国家。[15]

在这种背景下，FALC 也可以被视为一种类似于“疏离效果”（Verfremdungseffekt）的尝试，以此颠覆公众对

左派的诸多联想——斯达汉诺夫式①的自律、苦行僧式的虔诚和对大众享乐的不信任。其修辞效力部分在于，你很难在反对的时候自己不表现出丝毫幽默感。索珀在马克思拒绝具体描绘未来中看到了“理论上的不一致性”，FALC对此所采取的手段无异乎快刀斩乱麻。据索珀描述，马克思主义者佯装不清楚社会主义应该满足当前哪些需求和欲望，而 FALC 则在此时此地满足我们的欲望，并承诺要全部都满足。通过大胆提供知名度极高的奢侈品品牌，它也回避了我们在第一章提出的控告，即反工作的作家想把我们从工作中解放出来，结果却迫使我们接受他们自己（有时是非常有价值的）对好时光的观点。但是，对奢侈的这 120
类承诺也有赖于对欲望的未来的设想，许多激进思想认为这些欲望为资本主义特有，这些思想甚至试图对其进行超克。

举个简单的例子：2018 年推出的极度逼真的“流血纯素堡”（bleeding vegan burger）似乎是一种典型的 FALC

① 斯达汉诺夫（Stakhanovite）运动，苏联早期以斯达汉诺夫命名的社会主义竞赛的群众运动，其特点是与新技术相联系，激发了广大工人的工作热情，为苏联的重工业发展奠定了坚实的基础。

式原始产品。任何在20世纪90年代成为素食主义者的人（比如本文作者）都可以作证，传统的肉类替代品非常勉强。相比之下，这些新汉堡尽可能地重现肉的质感，甚至“流出”甜菜根汁（一篇网上评论说，“作为一个吃了十年素的人，我完全被它的口感搅得心神不宁，再也不愿吃第二次”）。我们甚至可以认为这种新型的栩栩如生的假肉是对实验室培育“真”肉——它几乎不会产生甲烷也不会虐待动物——常规化的一次新品测试。[16] 我们越来越难以否认素食主义是一种生存的必要：地球根本无法维持畜牧业当前的规模；这一点，再加上对工厂养殖残酷行径更多的曝光，会让越来越多的人投身纯素食主义。然而，这一趋势也与西方以肉类为中心的“旧石器时期”饮食的兴起相吻合（文化战士乔丹·彼得森①将这种饮食推至浮夸之巅，声称自己完全靠牛肉活下去），甚至流行美食中肉制品的含肉量也在增加：随处可见的手撕猪肉，肉红汉堡中间肉量惊人，堆起来滑稽得像是后现代雕塑，以及裹上培根的炸

① 乔丹·彼得森（Jordan Peterson）是加拿大多伦多大学的心理学教授、临床心理学家、文化评论家。

薯条。

文化批评传统的回应是去质问：当下环境危机的背景下为什么会兴起这股对肉的欲望？我们可以有以下参考： 121
罗兰·巴特的《神话修辞术》（*Mythologies*）中对三分熟牛排与民族主义之间关系的讨论；雅克·德里达和“阴性书写”（*écriture feminine*）① 中，对“食肉-阳具中心主义”（carno-phallogocentrism）的批判；或卡罗尔·J. 亚当斯（Carol J. Adams）的《肉的性政治》（*The Sexual Politics of Meat*）。简而言之，有一整套经典批评了我们在处理肉的历史上所引发的象征暴力。相比之下，FALC 汉堡则绕过了这类文化批判，即我们欲望的东西虽然味美，但却相

---

① “阴性书写”这一术语源自法国女性主义文学理论，埃莱娜·西苏（Hélène Cixous）在《梅杜莎的笑》（“The Laugh of the Medusa”，1975）中有所使用。在该文中，西苏主张女性必须书写自己。伊莱恩·肖瓦尔特（Elaine Showalter）等女性主义理论家则进一步将其定义为语言及文字中对女性身体及女性差异的写作。阴性书写将经验置于语言之前，并提倡非线性、循环性写作，由此回避基于阳具中心主义的系统性论述方式。由于语言并非中立的，所以会有人质疑它是表达父权的工具，例如弗洛伊德曾将写作的笔隐喻为阳具，故而书写本身会有“阳性”的特质。阴性书写与阳性书写相对立，或可让女性逃出写作的窘境。露西·伊利格瑞（Luce Irigaray）和克里斯蒂娃（Julia Kristeva）等女性主义者都对该概念有所发展，该概念也属于法国后结构主义运动的一部分。

当具有破坏性。FALC汉堡利用技术直接探讨实际的动物虐待行为和环境破坏的有形层面，但却丝毫不涉及欲望自身。就像巴斯塔尼不在乎我们这方具体出于什么原因想要卡地亚、万宝龙和蔻依一样，FALC也毫不在乎“想去吃肉”来自一个有关行为、态度和压迫的复杂网络。因此，一位刻薄的读者可能会把FALC解读为斯拉沃热·齐泽克笔下新自由主义偏好的极端终点。他们偏好的是“没有不良特性的产品：不含咖啡因的咖啡，不含脂肪的奶油，不含酒精的啤酒［……］没有伤亡的战争（当然是我方）”：共产主义不需要谴责资本主义的自私、暴力和性别歧视的乐趣。[17] 更为仁厚的解读是要看到FALC意识到了绝对不做判断的必要性。欲望在文化和历史上具有可塑性，意识到这一事实也无助于我们去确凿地预测或预先决定哪些欲望以及欲望的哪些方面会和后工作乌托邦相宜，哪些欲
122 望——像卢梭同代人的恶习一样——误入歧途。

另一份最近出现的反工作文本，即尼克·斯尔尼塞克和亚历克斯·威廉斯合著的《发明未来》（*Inventing the Future*）（在第一章有所提及），也强调左翼需要再次成为富裕未来的政党。虽然斯尔尼塞克和威廉斯不像巴斯塔尼

那样是毫不掩饰的民粹主义者，但当前面两人提出后工作生活可能是什么样子时，似乎正是这种写作类型本身迫使他们陷入了同样的问题，即他们好像在将当下早就存在的欲望延伸到了一个未来世界：

> 在这样一个社会中，仅存的劳动将不再由外部力量——雇主或生存需要——强加给我们。工作将由我们自己的欲望驱动，而不是外界的要求。

斯尔尼塞克和威廉斯所说的“欲望”是对有意义的人类活动的欲望，而不是巴斯塔尼所说的对奢侈品的欲望。但是，一开始的谬论还是会有一个版本适用于此。巴斯塔尼拿时下人们渴望精美的手表和服饰举例，他们之所以无法获得这些东西是因为不公的阶级制度在作祟，这类阶级制度早该废黜了。这一举动要求巴斯塔尼降格一个问题——正如我们所见，那些欲望是否有可能也是偶然出现在阶级制度上的呢？尽管斯尔尼塞克和威廉斯更加谨慎，123
但他们的文本仍然迫使他们想象一种对有意义活动的欲望，这听起来也很像它就是一直存在的，存在很久了，只是因为“外部力量”和“外部要求”的限制而无法实现。正如精神分析告诉我们的那样，我们永远不只简单地“被自己的欲望驱使”，因为我们的欲望从来都不是我们自己的。总有某种“外部”强加在欲望上，让欲望替它们发声。

前文讲到，斯尔尼塞克和威廉斯有明确试图避免这个陷阱，他们简述了一个概念，称之为“合成自由”（synthetic freedom）：

> ［合成自由］是构建的而非自然的，是一种集体的历史成就，而不是简单放任的结果。因此，解放不是脱离世界，不是解放一个自由的灵魂，而是构建和培养正确的依附。

在“合成自由”中，“我们可以尝试和构建非传统的生活，选择培养我们文化、智力和身体的感受力”，同时以我们尚未能够预料到的方式“去接受人们可能欲望的一切”。在他们文本的这一部分，就去历史化的欲望而言，作者显然摆脱了困境。他们承认，不论存在什么样的自由，它都不会基于“脱离依附状态”之个体化主体早已有之的意志，

而是具有高度的可塑性并重度依附着语境。然而，这种阐 124
述本身也存在理论风险。

我们已经看到，FALC 前景的巧妙之处在于，它可以避免我们在第一章后工作写作中发现的规范性道德主义倾向。但是，如果巴斯塔尼要设法跳出这种道德主义，他会发现自己只是脚先落在了一种未经充分审视的“解放主义”欲望概念上，该概念低估了欲望的历史特殊性，那么，相应地，斯尔尼塞克和威廉斯试图给后者存在的风险带来一些细微的不同，这迫使他们采取相反的策略。如果人的本质无法决定未来要采用何种欲望的形式，那么最终还是会需要某种隐性的道德化“外部”规约（“构建和培养正确的依附”）。果不其然，在该书的结束语中，他们所谓的“全自动豪华共产主义”中任何非正式的“奢侈品”都被束之高阁了：

> 这样一个计划要求主体要在过程中完成一次转变——它会增强各类条件来确保发生一次范围更广的转变：从资本主义形塑的自私个体，转型为具有社会性质表现的公共与创意形态。[18]

就好像后工作写作的话语注定要犹豫不决：一方面想要抹除当下的欲望（在这里被道德化为“自私”，与“公共与创意”截然相反），另一方面还要热情且不加批判地满足
125 这些欲望。本章稍后，我们将尝试给出解决这个问题的方法。但首先，如果已经有一种自诩为乌托邦的技术方法声称可以满足我们的欲望，但却不会带有任何此时此刻的旧习，那又会有何不同呢？那么，当今数字平台的“全自动豪华资本主义”究竟是什么呢？

硅谷渴望些什么？

科里·佩因[1]的回忆录讲述了一群过劳的后备军的生活，他们是在旧金山拼命干活的技术工作人员，其中令人

---

① 科里·佩因（Corey Pein），美国科技调查记者，曾在硅谷创业热潮的鼎盛时期深入硅谷食物链的底层，了解真实的创业企业在硅谷的生存状态，并基于此著有《我在硅谷最后一周》（*Live Work Work Work Die*：*A Journey Into the Savage Heart of Silicon Valley*）一书。

惊讶的一点是，这个新自由主义反乌托邦的各个方面本身就像某种乌托邦式的“后资本主义”。在大厦的顶层，高端公司的程序员们过着“后稀缺”的生活，就跟 FALC 所想象的奢华生活一模一样。职工宿舍、洗衣房、健身房、自行车、自助餐厅和酒水都是免费的（“在 GitHub，每层楼都设置一个酒吧和一个存放珍品威士忌的密室”），晚餐的牛排会送到员工的办公桌上。在这个如有神助、异常幸运的圈子之外，那些苦苦挣扎的效仿者会环绕一场又一场应用发布会提供的免费酒水组织他们的社交生活，Eventbrite 应用会自动引导他们前往——“我都不知道自己以前为什么要花钱买酒！”①

佩因表明：“如果你有钱可以一直点外卖，你永远都不用沾染有烟火气的琐事——洗衣服、洗碗、买菜等，那么
创办一家科技新公司会容易得多。”因此科技圈内有这样一 126
个笑话：“科技文化聚焦于一个问题：不再需要我妈为我做

① GitHub 是一个面向开源及私有软件项目的托管平台，Eventbrite 是一个在线活动策划服务平台，两者都是硅谷创业公司。

的事是什么?”[19] 这些人开发的应用程序和产品据说能确认并协助解决“我们都”需要解决的问题。他们的成功似乎是建立在越来越密集地向我们提供我们一直想要的一切上。但实际上，更准确地说，他们所做的是将规范、欲望、商业惯例和偏见（以及工作狂和各种去技能化）普遍化，这些都是旧金山怪异的晚期资本主义前哨所特有的。自金融危机以来，平台资本主义为西方日益不安全的就业实践提供了意识形态的遮羞布和模式，这是“不折不扣”的事实。[20] 但在更为隐喻的层面上，这也是正确的。谷歌为技术员工买了 20 美元的牛排，以换取他们工作到很晚，“但凭借他们额外工作的时间，他们为雇主额外提供了 200 美元的价值”。[21] 这些科技工作者早上坐着有 Wi-Fi 的班车回去上班，他们得到了一切，条件是尽可能少地离开“工作”。这难道不是平台资本主义与其客户达成协议的诡异删减版吗？这些客户可以免费获得一切，以换取尽可能少地离开平台。

我们的第二种“在资本主义之后渴望事物的方式”关注的是欲望在大型数字平台与其用户签订的准“后资本主义”[22] 合同中的作用，这些合同允许我们用这种神奇的技术

换取数据，而非金钱。从最简单的方式来理解，这些平台 127
想要的是知道我们想要什么。通过收集信息和设置算法引导，他们聚集的数据总是关于某种欲望的记录，这份记录在日积月累：是什么在暗示人们像我们一样——点击我们点过的，做我们做过的。谷歌最初的收益方式是将这项技术绑定在定向广告上，这彻底改变了我们的整个文化基础设施，使用户（甚至其他企业、网站和平台）能够访问尖端的操作系统、通信技术、地图、流媒体娱乐等，用户只需付出微不足道的代价，那便是同意让这些技术不断为其真正的拥有者更新有关“我们所做的一切”的信息。[23] 诺伦·格尔茨指出：“数据经纪人为如此大规模数据收集进行辩护的论点是，他们试图了解我们是为了帮助我们，以便为我们提供更好的谷歌搜索建议，更好的亚马逊推荐，更好的脸书新闻推送。”[24] 然而，他们这么一做，便符合了肖莎娜·祖博夫的说法，犹如有权力去“推断和演绎个人和群体的思想、感受、意图和兴趣，其间使用自动化架构作为一面单向镜子，不用考虑人的意识、知识和意愿”。[25] 这无异于一场将欲望档案化的革命，也是一场利用技术来满足欲望的革命。

祖博夫的“监视资本主义”（surveillance capitalism）[①]
128 一词准确地表达了这种活动的大部分内容。但它也模糊了一种感觉，即平台通常不只是“监督员”——监视我们忙于自己的事务，就好像他们不在场一样。一些“始终在线”（always-on）的系统，如亚马逊的 Echo 音箱，确实以这种被动和持续的方式“监督”我们，而谷歌也在朝着这个方向发展，在我们不使用其网站甚至不登录我们的设备的情况下，还在不断增大收集数据的力度。但总的来说，数字公司也非常有动力改变我们的行为。这不仅是（按佩因的说法）让我们依赖他们的应用来完成我们过去需要自己完成的任务，而且更普遍的是，这些公司被激励去想方设法让我们尽可能久地待在平台上。[26] 因此，如果接受全民基本收入意味着可以花更多时间在家玩电子设备，那么这些公司高层的主要资本家是全民基本收入理念最热情的捍卫者之一，也就不足为奇了。

---

① 监视资本主义是一种将人们的行为、情感、想法转化为数据并将其加以控制、操纵和商品化的商业模式。

随着数据驱动的模式扩展到日常生活和管理的更深领域，这些模式在法律、经济、伦理和实干方面收到的批评也随之迅速增多。[27] 我们在本节要表达的观点在某些方面相对简单；或者，至少是专注于它们操作部分的复杂性，尽管在这些平台设计师看来似乎很是简单。与这些平台达成协定的基本承诺和基础是，它们的算法会自动给我们想要的东西。但这种“我们想要的东西”的想法因建立在前弗洛伊德式欲望理论之上而受到妨碍。平台资本主义的算法假设我们想要我们想要的东西。也就是说，它忽略了我们 129
想要东西的方式可能对我们而言是完全无法接受的。[28] 你坐下来要做一些具体的任务，却因脸书的推送不断被打断而一事无成。你花上整晚去嫉妒照片墙（Instagram）上的某位对手。你决定早睡，结果发现自己凌晨时分依旧在线。任何认识到这些行为的人都可以证明，我们的欲望中总有些东西十分乐意从低程度的破坏中获取满足，而我们从中却无法获取清醒的快乐，我们也耻于将它分享给他人。

“别用谷歌搜你的症状”——对于这句熟悉的警告，我们还能做何理解呢?[29] 任何这样做的人很快就会受到引导，自我诊断为患有最为致命和致残的疾病。为什么算法知道要把我们送到那里？为什么我们还要花上几小时心满意足地来研究我们几乎不可能陷入的糟糕病情呢？这种行为中有一种自我确认自恋，从“知道”最坏的情况中获得满足：对谷歌而言，这再好不过了，因为我们戏弄自己的这些时间也是我们心甘情愿浪费的——用来将自己的私密信息拱手相送。或者，用格尔茨举的一个例子来说，为什么约会应用火绒（Tinder）上的用户在“配对成功”后几乎都不会发信息来跟进彼此？“这种行为表明，Tinder 上的用户甚至连随便勾搭一下对方都不想要。相反，他们似乎是在
130 ‘追求追求’（*pursuing pursuing*）”[30]：他们的乐趣更多绑定在匹配成功后的自动提示带来的激动，而不是随之而来的任何人际互动（即使有应用软件自带消息功能介入的人际互动也无果）。当然，这并不是说这种令人尴尬的行为始于平台资本主义，或者是由平台资本主义造成的。问题恰恰在于，将我们如此多的文化基础结构绑定在一种基于释放欲望的技术上，却显然没对该技术进行介入与判断，假使我们还记得，人类欲望中也有很多不必助长的部分，那么上述行为到头来就显得相当不负责了。

平台资本主义并不是第一个声称能产生最大限度快感的

经济体系。在《精神分析伦理学》（*The Ethics of Psychoanalysis*，第 7 期研讨班，1959—1960）中，雅克·拉康认为，杰里米·边沁的功利主义格言“最多数人的最大利益”至关重要，它标志着现代性在观念上从神圣美德转化成了作为终级社会目标的人类快乐。功利主义将人之快感定义为一种不言而喻的、可衡量的利益，然后要求每个人都按照它规定的方法来实现它。因此，这个版本呈现的多数人之快乐中存在着某种标准化的暴政。拉康认为这影响了 19 世纪的工业化，同时也影响了 20 世纪 50 年代（拉康也在此时召开了研讨班）新兴的社会民主。随着帝国主义工业化国家声称将其利益散布给其工人和殖民地，实用性成了一种“迷人的力量”，将其暴力隐藏在人类普遍快乐的外表下。[31]

今天的科技创新者可能会欣然接受：有一种暴力会像边沁那样假设“我们都想要同样的利益”，甚至还会以教科书中新自由主义的方式声称已然将我们从功利主义对快乐
的错误标准化中解放出来了。毕竟，在平台资本主义中， 131
每个用户都会根据自己独特的行为历史获得选择。但赞同这种反对意见将是个错误。正如琼·柯普洁在阅读拉康的

研讨会讲稿时所说，功利主义的问题从来不只是假设每个人的快乐都是一样的；更确切地说，它不能“设想一个会阻碍自己意志的主体”。[32] 这是平台资本主义没有采取任何措施去克服的一个概念性缺陷。弗洛伊德学派最重要的发现是：我们会习惯性地阻碍自己的意志。人类的驱力不仅出现在本能的纯粹性中，而且如弗洛伊德所说，具有“极强的可塑性”（extraordinarily plastic）。[33] 若如上一节所述，无论在什么时代，文化和集体维度都是这样，那么个体式主体维度也会是这样。个体式主体不断经历着内心的挣扎，其欲望不断流转，满足这个欲望是为了弥补另一个欲望的破灭。设计一个系统以自动“给予我想要的东西”，这是对欲望之所是的极大误解。

拉康在第 7 期研讨班中对两种不同享乐（enjoyment）的区分于此大有裨益。一方面存在快乐原则，正如弗洛伊德详尽阐述的那样，这并不意味着追求一些毫无节制的快
132 感，而是要规避过度的刺激和“非快感”。根据拉康的说法，它的命令实际上是“尽可能少享乐”——也就是说，只要保持活下去、早上起床，保持我们的精神正常就够

了。[34] 另一方面有拉康所说的原乐（*jouissance*）①，一种超越快乐原则的快感，拉康将其定义为一种刺激：我们被迫去追求，但它太强烈了，无法带来快感，只能招致痛苦（这份痛苦超越了外部的指涉框架，我们将其作为标准内化为可能性的极限——或者用拉康的话来说——"象征界"［symbolic order］）。

但还有另一种看待原乐的方式——它不一定是我们自己的毁灭，或许是我们心理和政治的现状的毁灭。这种原乐甚至可以被看作是相对普通的、每天发生的事情。对巴特来说，我们会在与某些具有挑战性的艺术形式的遭际中发现它，这些艺术形式脱离了"纯粹的"快乐原则，比如说实现我们期待所带来的愉悦（*plaisir*）。相反，这些具有挑战性的艺术形式会让熟悉的道德准则迸发出原乐出奇且狂喜的形式。[35] 与此同时，阿伦卡·祖潘契奇②认为原乐源自我们期待一件事却实现另一件事时所产生的惊喜，她将

---

① "原乐"系采用我国拉康研究学者吴琼教授的译法。

② 阿伦卡·祖潘契奇（Alenka Zupančič，1966— ），国际知名哲学家，与姆拉登·多拉尔（Mladen Dolar）和斯拉沃热·齐泽克并称为斯洛文尼亚拉康研究的三位领军人物。

该逻辑定义为坠入爱河体验之基：

> 遇到爱情的滑稽之处恰恰在于以下事实：对方（我们遇到的那个人）并不是我们梦寐以求的真命天子/女，恰恰相反，这个人带来了超出我们预期的盈余之物——我们可能只能在接下来发生的事情中才有机
> 133 会梦想。[36]

当然，在网上或任何其他地方，都有可能与这种“超出预期之盈余”的火花发生短暂的遭际，谁都无法排除这种可能。算法通过将我们变成即刻得到安抚的僵尸来控制我们的行为，这类反乌托邦描述在绝大多数情况下是说不通的。因为在无数的情况下，算法献祭出来的东西只有我们“梦寐以求”的真命之物。只需举个最老套的例子，我们都熟悉“不良算法”（malgorithms）的滑稽例子：出于某种表层联系，算法显示的广告与我们正在观看的内容极不匹配；或者是智能键盘的“自动选词问题”（autocorrect fails），它会把我们在一个语境中愉快使用的惯用语插入到完全不合适的语境中。相反，我们的主张是，在定义“我

们想要的东西”和假设以“我们想要的东西”的方式迎合“我们想要的东西”时，平台资本主义以算法引导汇总数据的模型倾向于优先考虑甚至夸大了快乐原则的重复、保守倾向：甚至表现得好像“我们想要的东西”可能仅限于欲望的这一方面。[37]

简单地说，一个基于大量过往记录来推断和激励未来行为的决策系统，与快乐原则的重复逻辑是一致的，因为 134
（不管鼓吹者怎么说）它几乎无从考虑事情下次发生是否会有不同的可能。[38] 萨菲亚·乌莫贾·诺布尔等学者警惕得对，目前系统化的算法决策是种倒退，因为它经常在复现“线下”少数群体所经历的偏见和劣势。[39] 但在更宽泛的意义上，这个模型也是种倒退：假设“我们想要的东西”可以得到预测，其预测的基础是我们以及拥有和我们相似数据档案的他人之前想要的东西，并在一个我们可以称之为病态正常化的过程中预测。与此同时，还需要进一步反转，因为重复从来不是简单的复现，如果没有其他原因，只是因为重复的动作现在出现的语境中早已存在先前的反复（iteration）了。这意味着每次重复都会产生一种剩余或残留（remainder or residue），它本身会被添加到下一次反复中以及被重复之物的总和中。这可能稍微有助于解释为什么快乐原则主导的行为通常会以如此奇怪的强迫性形式结束：不论在个人层面（没有人觉得自己“想要”整晚不断刷新约会应用程序或留言板页面，就像他们认为自己想要咬指甲一样），还是在集体层面，在数据“学会”为我们生产内容的层面（“病毒式传播”［bad virality］极端的、令人不安的或单纯博人眼球的线上内容）。[40]

但是，我们在本章抱怨了新技术重复性、正常化的推
135 动力，这不正是过去两个世纪浪漫主义和技术恐怖症的文化批判（Kulturkritik）的一些表现吗？——后者捍卫着自发的“生命”，抵抗着致死的“技术”（techne）。[41] 或者更糟，当我们认为当前数字技术无情地提供“我们想要的东西”是有问题的，我们难道不是在朝着厌世的方向撤退吗？人类欲望中的某颗“黑暗之心”（heart of darkness），只有上当的现代普罗米修斯才敢将其激活？相较我们提出的论点，会出现一份简单的历史对照：维多利亚中期的人们据称对另一项易于成瘾、过快即刻满足、过于重复的技术而感到焦虑——通俗小说。正如阅读历史学家利亚·普莱斯（Leah Price）所指出的那样，19 世纪人们对孤立的小说阅

读行为持矛盾态度，在某些情况下赞美它，在另一些情况下攻击它，尤其是当年轻女性阅读时。正如许多小说、品行手册①和讽刺漫画所示，许多维多利亚时代的人都认为，仆人干活不上心，妻子未尽人妻本分（就像爱玛·包法利这个典型的虚构人物那样），原因之一便是他们总是忍不住去看小说。[42] 这些（在现代人看来是古怪的）恐惧和我们对数字平台过于重复、易于成瘾的倾向的批判有什么区别？

根本的区别在于，以前的批评对象是一种欲望技术的
形式，某些群体自由地花时间使用这种技术（就像后来许
多道德恐慌一样：对摇滚乐的恐慌，对“恐怖和色情录像 136
片”的恐慌，对电脑游戏的恐慌，甚至对一些专门的数字
亚文化活动的恐慌，如色情短信或网络霸凌），而平台资本
主义有质的不同，因为它关乎一种技术动力，我们对此日
益别无选择，只能成为其中一部分。算法导向的数字交互
不仅仅是日常行为中的一种。它们作为那种模式，恰恰让
我们最为被动的潜意识欲望得到放大，开始运作，并得到

① 18世纪起英国社会陆续出版了大量专门针对年轻女性的“品行手册”（conduct books），其中详细叙述年轻女性应遵循的种种“美德”。

反馈，而且它们的结构和对欲望的假设在毕生之业的管理体系中，正在一个又一个的领域内得到推广。至于“黑暗之心”，我们认为需要把握的是，欲望并不是某种被技术“释放/松开”并赋予形式的螺旋状弹簧。问题的关键是，我们作为主体，一方面有着善变的欲望；另一方面，我们的欲望有时会被调动——用柯普洁的话来说——来“妨碍自己的意志”。因此，一项以无知和自动的方式为我们提供“我们想要的东西”的技术，它不免会陷入带有破坏性质的各类矛盾。可以这么说，一个完全自动化的社会——还带有在算法指引数据下控制的机器人，该社会会按照它所推测出来的“我们想要的东西”的形象来重建世界，但在此之前，这个社会还是需要更新一下它关于欲望的理论。

微调你的欲望

我们可以进一步探讨强迫性欲望技术的概念，如果数字资本主义竭力模糊工作和非工作之间的界限，那么它也
137 会努力模糊想要（wanting）和需要（needing）、欲望和必要之间的界限。谁能说得清，那些富有创造力、每十秒钟

就强迫刷新推特通知的自由职业者，到底是沉迷于自我肯定，还是在尽职尽责地管理“自己的独持形象”？或者是否真的有区别？在第三章中，我们探讨了自己为何日益被要求将我们的可欲望性和我们生活的可欲望性表现为我们工作的一部分。在本章的前一小节，我们已知晓，自己以前欲望的线上记录如何被卖回给我们——通过算法将吸引力压缩在快乐原则上。数字资本主义以越来越精细但自动化的方式套牢我们想要的东西，也许这就是欲望为何同时又成了近来的政治辩题的部分原因。

2018 年的两个文化批评案例为我们做好了铺垫。在《浅谈喜欢女人这件事》（“On Liking Women”）一文中，朱华敏①提出了一个具有挑衅性的说法：像她这样的跨性别女性的性别体验不依赖身份，而是基于欲望；“问题不在于你是谁，而在于你想要什么”。就像所有的欲望一样，朱华敏认为，跨性别体验核心的欲望是难以控制的：它不仅

① 朱华敏（Andrea Long Chu），美籍华裔学者，获 2023 年普利策评论奖。

是痛苦的，而且扬言只能得到部分满足——“你的乳房可能永远不够美，你的声音可能永远不会得到认可，你的父母可能永远不会回电话”——而且它也可能与顽固的政治理想发生冲突。朱华敏指出，20 世纪 70 年代政治上的女同性恋运动未能将消除对男人的欲望当作一份政治守则。朱华敏同时指出，一些排斥跨性别的激进女性主义者对今
138 天跨性别女性的一贯抱怨是：她们追求的只是那些父权女性气质的身体和风格能指，而女性主义者希望看到这些能指和父权制一同失效。朱华敏并不认为这种抱怨过于简单，而是带有心照不宣的挑衅坚称，人们有权去欲望那些能指，丝毫不用考虑父权的影响。她指出，欲望通常不请自来，由此得出结论：“强迫［欲望］服从政治守则不会产生任何好结果。”[43]

虽然朱华敏没有明确讨论这个问题，但她的介入指出了拉康派对该主题的理解给围绕性别认同的修辞斗争带来了什么：如果欲望的作用决定了我们是谁，那出生时的生物学因素就不能作为最终的决定因素。这里值得注意的是，正如朱华敏本人所言，在当代对跨性别者的敌意中（有些

人荒谬地认为，追求过度的女性气质①会妨碍废除父权制，即使接受这种风格的跨性别女性的数目占比极少），开展“性别废除”（gender abolition）往往成了“一般道德厌恶的空壳公司”。我们可以补充说，这种厌恶最终建立在偏执地捍卫超验的、准种族化的女性身份上，这种女性身份隶属于生物学范畴。似乎对当今某些派别的女性主义者来说，西蒙娜·德·波伏瓦的说法反倒错了：“没有人会成为女人，而是生下来便是女人。”[44] 但朱华敏对“欲望之力”的安提戈涅式坚持，让生物主义（boilogism）② 和各种伪善的“性别废除主义”（gender abolitionism）③ 纷纷败下阵来。就像拉康的精神分析一样，朱华敏认为，决定性的人 139
类经验不是需求的满足，也不是固定不变的身份，而是欲望，必然是痛苦的、永远无法完全实现的欲望。在我们倡导身份认同的文化中，这种观点必然颇有争议，但朱华敏

---

① femme，即在女同性恋中充当女性角色的一方，与之相对的是 butch，即在女同性恋中充当男性角色的一方。

② 心理学术语，指忽视或否定社会文化历史因素，主张用生物学原理来解释人类心理发生发展的理论观点。

③ “性别废除主义”旨在消除基于生物学特征所产生的不平等待遇，使每个人都能够自由地选择他们希望的生活方式。

表述的巧妙之处在于，从跨性别群体权利的角度来看，这一观点是站得住脚的。正如她在讨论其他问题时所指出，“只要变性医学将减轻痛苦作为成功的基准，它就秉持独裁者式恩惠，有权拒绝去关爱那些想得到它的人”。这又是一次现代性的标准化暴力，正如我们上一节所见，拉康认为它潜藏在所有人的功利主义式快感的表象之下。如果性别的基础仅仅是有令人满意的身份，其风险在于，一个持续遭受苦难的人会丧失欲望的资格，因为其欲望不够真实。为了反对这种观念，朱华敏提出了一项激进的方案——尊重欲望，于其中，“各种消极的强烈情感——悲伤、自我厌恶、羞耻、懊悔——就像全民医疗保健或食物一样，都是一种人权”。[45]

在一篇名为《每个人都有性的权利吗?》（“Does Anyone Have the Right to Sex?”）的文章中，阿米娅·斯里尼瓦桑研究了数字文化中的性政治，通过从校园枪手的网络宣言到约会应用程序和网站的例子，部分回应了朱华敏的观点。她指出，表面上看似无意冒犯的“个人偏好”分类何以管理浪漫邂逅和一夜情，以算法再生产出厌女症、种族
140 歧视、残障歧视和跨性别恐惧中固有的支配和排斥机制：

"个人偏好——男性勿扰、女性勿扰、肥佬勿扰、黑人勿扰、阿拉伯人勿扰、吃大米者勿扰、吃辣者勿扰、阳刚男找阳刚男——从来都不只是个人的。"面对数字文化如何让欲望有自知之明，斯里尼瓦桑总结说，虽然没有义务去欲望特定的人，但有可能存在一份"责任——尽我们所能——去改变我们的欲望"。歹毒却有利可图的线上阶级式分类引导并扭曲了个体的诸多欲望，以上种种情形暗示了朱华敏不太上心的一个问题：虽然有些欲望的确是不可妥协的，但另一些欲望则是灵活的——虽然道德说教不会也不应该改变对维系自我感至关重要的独特欲望（你无法教育自己不当跨性别者），但我们在上一节讨论过了，还存在一些其他的欲望，平台资本主义完全有能力诱使这些欲望驶向越来越受限的方向。[46]

这两种截然不同的立场可以有效地映射到后工作作家在抵达资本主义另一面时遇到的麻烦：如上所论，即使想要一个不同的世界，我们也必须长期秉持着某些不变的欲望，相信未来定能将其实现，但与此同时，要保持激进变革的视野，也就规定了这些欲望早已发生过实质的改变。[47]后工作作家在承诺满足今日之物质欲望和限制新欲望之间

摇摆不定，当代文化也同样在对待个人欲望的不同态度间
141 摇摆不定。虽然在这两种情况下，瞥见的变革之视野会是个更美好的世界，但同样也有道德主义的风险。我们将在本节继续讨论，恰恰是第二种情况下私人欲望和道德主义的对峙，它指出了另一种方法来思考后工作乌托邦主义的问题，即如何在资本主义之后进行渴望。回到改变我们私人欲望的观点上来：斯里尼瓦桑的例子取自林迪·韦斯特[1]的身体自爱运动[2]——透过观看我们觉得不好看的人的照片，试图重新培养和纠正我们的私人欲望和自我形象。然而，这似乎并不能解决网上“性偏好”分类形式中早已存在且不断延续和加剧的社会边缘化问题。即使有可能，

---

① 林迪·韦斯特（Lindy West），美国作家、编辑，著有畅销书《尖叫》（*Shrill*：*Notes from a Loud Woman*）。

② 身体自爱运动（body positivity movement）源自20世纪90年代的美国，主要强调身体的积极性，倡导对自己身材保持自信的一种身体健康生活态度。该运动主要针对的是网络上引起热议的“身体/外貌羞耻”（body shame），提倡人们秉持健康的审美，不要去嘲笑别人的肥胖。通过将健康放在第一位，该运动认为自信最美，不要因为身材而自卑、自暴自弃、产生偏见和恶意，主张通过合理均衡的饮食和锻炼，让身材顺其自然，从而避免社会上的“BM风”、“要么瘦，要么死”、A4腰、iPhone腿这类主张“完美身材”的病态审美。

我们也很难想象谁会感谢别人主动将自己的欲望重新瞄准他们（很多边缘化群体已经在约会网站上因其边缘化特征而被简化为恋物癖的对象）。此外，私人欲望再锻炼也无法改变压迫边缘群体的物质和结构性文化基础。但物质改变可以带来变化。而且，在这个例子中尤为明显的是，物质改变就是文化改变。在合作与公共非盈利平台的斗争中获胜将是第一步，这也是越来越多的数字左翼所要求的。这第一步是要为我们线上的社交生活写下更优质的代码——不再以成瘾型情感控制和依赖型无脑娱乐为代价保持我们一直在线，而是创造更多空间留给机遇和休憩，让当下搜索结果和性偏好中被删除的那类奇遇再次出现。[48] 当然，只 142
有当人们身处的世界允许他们在工作之余有充足的时间追求愉悦，新平台才能充分发挥其潜力，但它们的可能性也说明了一个问题：如果我们不想让数字资本主义使用我们的欲望，那么我们需要的是结构性改变，而不是重新培养个体。

从文化层面而非个人层面来看，我们或许可以把斯里尼瓦桑笔下“尽我们所能改变我们欲望的责任”作为对 21 世纪头十年西方全球化情绪变化的描述。莫莉·费希尔描

述了在美国流行文化中，“一种就身份、包容和表征而言的
自我意识式道德责任，已经主导了创作者、评论者和消费
者之间的讨论”。[49] 这种“大觉醒”（Great Awokening）在
最好的情况下意味着为那些未被充分代表和被误解的群体
提供发表意见的空间，使他们能开辟新天地，发展出新的、
言之有物的日常文化批评；在最糟的情况下，则意味着一
种形式上一成不变的敷衍的包容性，以及一种居心不良的
严苛道德观。[50] 在更广的文化论战中，一些不习惯自我批评
的人已经足够宽厚仁慈地“检查了他们的特权”；另一些人
则充分利用了道德主义惯常提供的工具：一种自我满足的、
不折不扣的正确性模板，这种模板否认背景，并被当作一
种武器来维护现状。[51] 无论这种对生活各个领域中文化政治
的新关注有多么真实和引人注目，它还包含了一份警
143 告——如果将政治斗争削减为一次文化上的再教育，那么
它不用多久就会退化到审美层面。正如希拉里·克林顿在
2016 年初一次总统竞选集会上对民众所说的那样：“如果
我们明天拆了大银行……就能结束种族歧视吗？这会结束
性别歧视吗？”[52] 有种假设认为，经济改革需要和种族、性
别歧视相分离，前者甚至或会为后者招致讨人厌的混乱。

该假设概括了21世纪头十年的一种文化类型。在这种文化中，为平等美学而展开的斗争取代了平等美学自身。

仅仅通过文化变革来消减深层结构上的不平等，其中的文化变革又间或有赖过分简单化的道德教条，这类尝试迄今为止都不大乐观。这些尝试蒙受温迪·布朗所谓“受伤的依附”的影响：事实是，在反抗性别、种族和性别不平等中所设想的好处，受到了自由资本主义文化中欲望之物的限制——越来越多地将阶级排除在论战之外，随之可能迎来向统治和剥削结构发起更为野心勃勃的挑战。[53] 在别处，如女性主义左翼的理论复兴中，私人欲望如何满足资本主义和技术的问题得到了不同的解决：虚构集体作者劳伯里亚·库博尼克斯（Laboria Cuboniks）在其宣言《异女性主义：一种针对异化的政治》（*Xenofeminism：A Politics for Alienation*）① 中概述了一种包括酷儿和跨性别的乌托邦女性主义，它模仿唐娜·哈拉维的赛博格女性主义，从我们的

① “异女性主义”（Xenofeminism）思潮认为，通过接纳并利用科技、科学以及其他形式的知识和创新，人们可以超越现有社会制度中存在的不平等问题。它鼓励探索新兴技术如人工智能、虚拟现实等领域，并将其应用于推动性别平等和社会变革。该理论的提出者是一群女性（转下页）

身体与技术间不可分割的关系开始。作为一种“技术物质主义”(technomaterialism),它力争抵制资本主义技术科学(technoscience),但实现该目标不是通过拒绝资本主义技术
144 科学声名败坏的手段,而是对其手段进行“微调”(repurposing)。这种做法出奇地简单:我们知道这种生物技术文化(biotechnoculture)对我们有害,我们从很多方面来说都是其产物;因此,正如宣言所示,“绝对谨慎”(absolute caution)是不可能的,但抵抗可以从占有开始。[54] 本书之目的与本书中已经讨论过的其他技术导向型左翼作家的目的一致,都直接挑战了对日常生活中技术和科学基础结构的占有和控制,从而极力反对别无选择的新自由主义,因为它让我们以最普遍但往往是不可见的方式投身工作。

我们泰然自若的样子让自己成了技术化资本主义下的躯体和主体。正是这种泰然自若的状态,加上相信可能发生的变革,这便可能为私人欲望带来另一种立场。例如,劳伯

(接前页)主义思想家,她们以集体的名义虚构一作者身份——劳伯里亚·库博尼克斯,其成员包括:丹·保尔(Diann Bauer)、海伦·赫斯特(Helen Hester)、艾米·爱尔兰(Amy Ireland)、帕特里夏·里德(Patricia Reed)、卡特琳娜·伯奇(Katrina Burch)和卢卡·弗雷泽(Lucca Fraser)。

里亚·库博尼克斯的成员海伦·赫斯特认为，女性身体通常经由技术介入而具有混杂性，尤其是在药理学方面——受到化学避孕药物和其他形式激素调节的介入。赫斯特认为这一事实为激进性别废除主义奠定了基础。通过接受实验，性别废除主义相当于是将可能性给多元化了："异女性主义呼吁的不是性别紧缩政策（gender austerity），而是倡导性别后稀缺（gender post-scarcity）！"[55] 在呼吁"性别'百花齐放'"的地方，就不可能让排斥跨性别群体的激进女性主义者抱怨跨性别群体延续的父权主义性别理念，或在这一问题上，其他意识形态也不可能来抱怨个体身体上的修正。要杜绝将性 145
别作为一套支配的系统，其总体目标便是将性别转化为在身体上的一种具有创造性的自主尝试。"全自动豪华共产主义性别激增"（fully automated luxury communist gender proliferation），套用巴斯塔尼的说法：同样具有乌托邦的魅力，要求所有人都得到一切。在这里，对女性权利的要求也意味着每个人都有权利成为女人，或者有权利不成为女人，或者有权利成为任何自己想成的性别。对拉康来说，精神分析的终极伦理"不向你的欲望让步"，在这里仅仅成了一份获得自主性的努力，试图成为共产主义团结的一部分。[56]

因此，一些女性主义乌托邦的新表述顺应了朱华敏所说的“有权欲望对你不利的东西”。[57] 另一种说法可能是，这种新的女性主义中有一种不同的信心，即满足和支持个体目前的欲望和需求，但不会阻碍与技术资本主义（technocapitalism）的斗争。相反，该信心可以成为斗争的基础。

146 那么，我们所概述的反工作写作的典型问题呢？即当它提出我们在成功废除资本主义劳动之后可以做些什么时，这个问题最后往往成了对美好生活的规定——规定该由什么来取代资本主义劳动。最简单的答案会带有政治色彩：如果真正的民主必须建立在资源共享的基础上——因为只有这样才能确保每个人都能充分且公平地参与决策，那么实现这一点就足够了。而唯一的问题将是彼得·弗拉塞在《四种未来》（*Four Futures*）中概述的问题：现有的资源和情况是使未来成为“共产主义”，还是“社会主义”。[59] 此处藏有了一个真理，它通常隐匿在提供给选民的左派政治中：最终，如果没有信仰之跃，我们就无法以更好的方式来协调政治、经济和文化。如果人们过上的生活能将他们从工薪的奴役中解放出来，并赋予他们真正的决策权，谁知道他们会怎么决定自己文化的形态，谁知道他们将如何利用自己的时间。后资本

主义的信仰之跃必须是：如果系统性剥削和异化被取代，取
而代之的系统力求让每个人各取所需，并自由地去干自己的
事，那么这个系统就是成功的。我们不会以一场所有人反对 147
所有人的战争结束，我们最终获得的会比迄今为止世界经历
的要更好。就欲望而言，任何对未来的愿景当然都必须针对
我们现在最想要的东西——所有的未来（在发生之前）都不
过是当下的欲望。但是，如果未来的愿景想要恰如其分地表
达激进左翼民主的想法，那么这些未来之愿景就应该更加自
信坦诚地对待其中不可避免的赌注，即我们无从知晓，也很
可能无法想象我们想要建设之未来的方方面面。未来之愿
景因此要忠于临时性，并尽可能预留足够的空间给差异性与
个人特性——我们需要它们在义肢性欲望中帮助我们翻越
障碍。 148

149 结语　共享你的界限

在本书中，我们研究了资本主义是如何以前所未有的方式将我们的时间、主体性、经验和欲望投入工作，该过程之所以可能就在于以全球化技术为基础。对社会主义思想家来说，技术在人类生活中的作用从一开始就是矛盾的。《劳动在从猿到人转变中所起的作用》一手稿写作于1876年，在这篇不寻常的文章中，弗里德里希·恩格斯试图从劳动的角度对进化做历史唯物主义式重写，但却陷入了技术的问题。恩格斯认为，从猿到人类进化的关键一步是人类的手变得更加灵巧了；他设想，在进化的过程中，环境要求导致原始的双手投入使用，并获得一次次微小与局部的成功，从而“解放”了人类的手——“因此，手不仅是劳动的器官，也是劳动的产
150 物”。[1] 因此，在人类出现之前就有了劳动，而人类是在劳动把手变成工具之后才出现的。恩格斯不仅于此强化了马克

思的技术唯物主义，他还预测了今日持不同政治立场的技术哲学家，比如贝尔纳·斯蒂格勒，他认为技术和作为物种的人类之进化是一并发生的，二者密不可分——“手只有在允许接触艺术、技艺（artifice）和技术（tekhnē）的时候才是手”。[2]

恩格斯自己对劳动的关注如下：他认为劳动将早期人类聚集在一起，创造出语言、更好的工具，使人们选择了复杂的饮食，适应了不同的气候和地区，最终发展了农业、贸易、工业、艺术和科学。但恩格斯最感兴趣的是人类劳动如何重组其环境，这些环境往往还伴有无法预见和控制的后果。他很关心“自然影响”，比如森林开垦导致的沙漠化，以及“社会影响”，比如1847年爱尔兰饥荒中数百万人在挨饿，当时作为主要作物的马铃薯遭遇了灾难性的马铃薯疫病。最后，他还恰巧谈及了蒸汽机：

> 17、18世纪辛勤制造蒸汽机的人们没有意识到，他们正在制造的这种工具比其他任何工具都更能彻底改
> 变全世界社会关系。由于财富集中在少数人手中，绝大 151
> 多数人财富被剥夺，这个工具最初注定要使资产阶级获得社会和政治上的统治地位，但随后会挑起资产阶级和

> 无产阶级之间的阶级斗争，而这场斗争只能以推翻资产阶级和消灭一切阶级对立而告终。[3]

因此，根据恩格斯的叙述，工业资本主义是人类劳动进化的产物，尽管并非有意为之。他匆匆宣布这个狼狈的阶段很快会通过阶级斗争超越，这不免有些尴尬。文中一个令人印象非常深刻的点是，人类劳动及其工具——换言之，技术——作为进化的自然结果，产生了人类和资本主义。恩格斯的全局观满是坚定的希望；他想要阐明的是，无论劳动的演化能给出什么解释，事实是：资本主义是对工具的错误使用，因其缺乏远见而显得返祖，为了眼前利益而对人类和环境造成破坏，不成熟的人性很快会被人类历史上一个更加成熟的时期所取代。这个更加成熟的时代会调节人类技术所产生的自然和社会影响，其调节的方式也表达了一种更为深刻的看法——“我们有血有肉有头脑，我们属于自然”。[4] 然而，一旦恩格斯把人手的进化以及随后发生的一切都看作劳
152 动的产物，我们就很难摆脱这样一种印象：伴着浮士德式必然性，人类将被蒸汽机的铁爪钳起去破坏他们所处的自然环境和人类自身。工业资本主义是人类劳动的一种畸形，还是

其技术的必然产物？如果从历史上看，“一切高级生产形式都会导致人口分化为不同的阶级”，就没有其他选择了吗？恩格斯这份手稿是以一种仓促且未完成的状态结束的，文章余下部分都用于描述更多凄凉的景象——全是关于目光短浅的资本主义所招致的破坏，比如侵蚀后留下光秃秃的岩石，这是为了一年的收成而焚烧山林的后果。[5]

如恩格斯所述，我们时代的主导情绪似乎在两端摇摆不定：一方面，人们顺从地接受了一个灾难性的、不可逆转的人类世（*anthropocene*）——人类第一次对火的使用开启了人为的气候变化，不免使人相信人类总是命中注定要摧毁这个赖以栖息的世界；另一方面，人们又拒绝接受资本世（*capitalocene*），在资本主义新时代，对经济指数式增长欲壑难填的要求将我们推至气候灾难的边缘。[6] 不管怎样，我们总是受到引诱要将技术视为一种邪恶且近乎神话的破坏力。然而，恩格斯认为人类是劳动的产物，而非相反的情况；这一观点让我们有可能找到其他方式将自身当作技术存在（technological beings）。首先，它为人类的去中心化开辟了一条道路：没有技术就无法成为人类；但同样地，没有它也就无法成为任 153
何事物。正如大卫·哈维指出的那样，蚁丘并不比曼哈顿更自然;技术,或技艺,工程专业知识或物质的战略重新排列,都参与了这两者的制造。[7] 如果作为生物的我们将技术作为我们必要的义肢来融入环境,那毫无疑问的是,技术作为一种外力是我们绝对无法驯服或逃脱的。但这也意味着,同样的道理,它不是一种陌生且神秘的力。正如哈拉维在《赛博格宣言》中非常肯定的那样:

> 机器不是用来激活、崇拜和支配的"东西"(it)。机器就是我们,是我们的过程,是我们具身化的一个方面。我们可以对机器负责,它们不会支配和威胁我们。我们要对边界负责,我们就是它们。[8]

当然,机器确实无时无刻不在威胁着我们。但作为技术,它们的存在具有临时性。因此,我们可以根据个体情况的需求调整它们,废弃它们,重新发明它们,通过这样做来改变我们自己和我们的义肢。毫无疑问,我们许多的数字技术都应该被遗忘,或者变成无法识别的样子;在某些情况下,那些看似属于数字资本主义之剩余的东西,最终可能在政治变革方面发挥出人意料的作用。

一代左派人士长期以来一直在使用资本主义通讯技术 154
以达成其激进目的，但却未曾对技术的形式进行过任何改造。自 2015 年以来，我们已经看到，我们在本书第四章分析了 Web 2.0 时代“糟糕的满足感”，恰恰是对它最为习以为常的一代人，他们为欧洲和美国的新一波激进社会主义政党和运动提供了竞选基础。在英国，动力派（Momentum）作为左翼竞选团体，它的成立是为了支持杰里米·科尔宾（Jeremy Corbyn）在议会外所领导的工党，它成功地将左翼政治融入了其年轻支持者最为日常的社交技术中。比如，将其政治理念融入疯狂传播的搞笑视频中；将 WhatsApp 的信息设置为转发给所有联系人；设计一款移动端应用软件屏蔽有组织的电话游说展开的频繁电话拉票，并让大家在闲暇时间参加个别活动人士举办的活动日；使用“离我最近的边缘席位”（My Nearest Marginal）[①]和拼车应用程序，让活动人士前往自己能发挥作用的地方，并由此最大限度地改变竞选的局面。正如蒂奇亚纳·泰拉诺瓦暗示的那样，对这些技术进行非传统

---

① “离我最近的边缘席位”是一个网页，制作该网页的活动人士以线上筹资的方式获取更多选票来支持工党，同时以这种形式抗击右（转下页）

的应用，其目的是将身体并入资本，其运作是为了形成“另一种大众的机械基础结构”。[9]

这个例子指出了隐藏在邪恶科技形象背后的东西：不是邪恶且不可阻挡的历史引擎，而是在面对系统时经历的政治性无能，该系统当下正在以恶毒的方式影响着我们的技术存在。尽管要摆脱这种无能必须以政治的方式，但我们的历史关头也是一次机遇——让技术存在为我们带来的恒新经验
155 成为政治变革的关键。我们认为，这个机遇在于把我们自己看作是杂糅的、义肢的、临时的技术存在，我们可以在彼此之间产生改变。如果我们是未完成的存在，通过技术来连接彼此和世界，那么个人主义就行不通了。我们已经讨论了左派新女性主义写作，她们选择了哈拉维的赛博格女性主义（cyborg feminism）——“警惕整体主义，但需要联系”——其目的是将技术化的生活转向反本质主义政治；我们可能需要再次补充一下让-卢克·南希的观点，即“独体的生命分享他们

（接前页）翼媒体的影响。该网页基于传统拉票（convassing）的电话游说（phone banking），融入了当下的加密货币（cryptocurrency）技术来增加其可用性，并开始在线使用手机银行（mobile banking）、电子钱包（digital wallets）以及网上银行（online banking）等手段，甚至还会使用比特币（bitcoin）。

的界限，在他们的界限上分享彼此”。[10] 当我们暴露在他人和事物面前时，无论是在我们皮肤、思想，还是其他可稍作调整之物体的界限上，自我意识的形成和改变都存在风险和机会，就其自身而言，这些风险和机会可以被视为我们与生命的技术性关系。正如德里达所说，“技术也许总是一种界限的发明”，但南希坚持的却是，共同体是我们在遭遇不运作、中断、碎片化时所经历的不运作、中断和碎片化之体验。[11]

因此，“分享你的界限”可能是后资本主义看待我们诸多技术的一句口号。本着其联结式中断（connective interruption）的精神，我们可能会接受挑战，重新设想我们的技术——不仅要最小化气候灾难并重新分配资源，还要为接触“不运作”的人类预留空间。从政治角度来看，这可能并不是意味着要去寻求和谐或不考虑细节的共识，而是要去寻求尚塔尔·墨菲①提出的那种创造性的“民主斗争”②；用哲学术 156

---

① 尚塔尔·墨菲（Chantal Mouffe，1943— ），出生于比利时沙勒罗瓦，政治哲学家、后马克思主义的代表人物。

② 民主斗争实际上也是一种对抗式民主（agonistic democracy），其组成部分包括多元主义（pluralism）、悲剧（tragedy）以及冲突价值（value of conflict）。与其相关的是世界主义（cosmopolitanism）激进形式的兴起，以及新自由主义全球化背景下历史巨变的可能。

语来说，就是追求杰里米·吉尔伯特（Jeremy Gilbert）所说的“实验性反个人主义”（experimental anti-individualism），抵制“墨守成规的社群主义带来的诱惑”。就工作而言，这可能只是意味着，当我们赢得了为所有人腾出时间的技术之战时，我们将获得更多的可能来实现瓦尔特·本雅明眼中孩童游戏的本质：不断试验并朝向所有要参与的新来者敞开。[12]

注释 157

序　万般皆工作

1　Jonathan Crary, *24/7* (London: Verso, 2013), p. 45；强调部分由作者添加。

2　Theodor Adorno and Max Horkheimer, *The Culture Industry* (New York: Routledge, 1991), p. 189.

第一章　毕生之业

1　可参见 Keith Grint and Darren Nixon, *The Sociology of Work* (Cambridge: Polity, 2015), chpt. 3；关于这种反工作传统的研究极少，但近期有一篇文章对此做了探讨，收录于詹姆斯·A. 张伯伦(James A. Chamberlain)关于南希的"非功效"概念的研究文集《消解工作，反思共同体：关于工作的社会功用的批评集》(*Undoing Work, Rethinking Community: A Critique of the Social Function of Work*) (Ithaca, NY: Cornell University Press, 2018)，第 123—130 页，其中的相关观点与本章最后一节的重点不谋而合。

2　Michel Foucault, *History of Madness: A History of Insanity in the Age of Reason*, ed. and trans. by Jean Khalfa and Jonathan Murphy (London: Routledge, 2009), p.72.

158 3 Roy Porter, "Foucault's Great Confinement", *History of the Human Sciences* 3 (1990) 47—54 (49).

4 Foucault, *History of Madness*, pp. xxxix, 536.

5 Maurice Blanchot, *The Space of Literature*, trans. Ann Smock (Lincoln, NE: University of Nebraska Press, 1982), pp.171—173.

6 Richard Sennett, *The Corrosion of Character: The Personal Consequences of Work in the New Capitalism* (London: W.W. Norton & Company, 1998), chpt. 4.

7 关于该术语的历史,可参见 Grint and Nixon, *The Sociology of Work*, chpt. 9。

8 Sennett, *The Corrosion of Character*, p.72.

9 更多的例子,可参见 Erik Brynjolfsson and Andrew McAfee, *The Second Machine Age: Work, Progress, and Prosperity in a Time of Brilliant Technologies* (London: Norton, 2014);Martin Ford, *The Rise of the Robots: Technology and the Threat of Mass Employment*。欲了解更广泛的历史范畴和相应的怀疑态度,可参见 John Urry, *What Is the Future?* (Cambridge: Polity, 2016)。

10 Perry Anderson, *The Origins of Postmodernity* (London: Verso, 1998), p.85.

11 Franco Moretti, *The Bourgeois: Between History and Literature* (London: Verso, 2013), pp.21—22.

12 Richard Susskind and Daniel Susskind, *The Future of the Professions: How Technology Will Transform the Work of Human Experts* (Oxford: Oxford University Press, 2015).

13 Peter Fairbrother and Gavin Poynter, "State Restructuring: Managerialism, Marketisation and the Implications for Labour", *Competition and Change* 5 (2001) 311—333 (319).

14 据报道,40%的英国人就是这样看待自己工作的。David Graeber, *Bullshit Jobs: A Theory* (London: Penguin, 2018)。

15 Michael Hardt and Antonio Negri, *Multitude: War and De-* 159
mocracy in the Age of Empire (London: Penguin, 2004), p.109:"换句话说,今天的非物质劳动与150年前的工业劳动处于相同的位置,当时它只占全球生产的一小部分,集中在世界的一小部分地区,但却对所有其他形式的生产施加了支配权。正如在那个阶段,所有形式的劳动和社会本身都必须工业化,今天的劳动和社会必须信息化,变得智能化,可交流,且富有情感。"

16 David Frayne, *The Refusal of Work: The Theory and Practice of Resistance to Work* (London: Zed Books, 2015), p.40.

17 2017年的数据显示,每周有60名儿童——主要是穆斯林男孩——受到报道,原因通常只是他们"对某些观点过于热情"或表现出自卑。正如卡尔玛·纳布勒西(Karma Nabulsi)所描述的那样,对西方外交政策的"个人愤懑"(perceived grievances)的表达也将被报道,将异议视为病态,并将关键的政治参与本身变成"极端主义的一个指标——实际上是证据";"Don't Go to the Doctor", *London Review of Books* 18/05/17 [https://www.lrb.co.uk/v39/n10/karma-nabulsi/dont-go-to-the-doctor]。

18 "A Guide to the Hostile Environment: The Border Controls Dividing Our Communities — And How We Can Bring Them Down", *Liberty* (2018) [https://www.libertyhumanrights.org.uk/sites/default/files/HE%20web.pdf].

19 Chantal Mouffe, *For a Left Populism* (London: Verso, 2018), p.36.

20 张伯伦在《消解工作,反思共同体》(*Undoing Work, Rethinking Community*)一书的开头,对"政治光谱"两端以工作为中心的激进政治做了类似的评论(第1—2页)。

160 21 Andrea Komlosy, *Work: The Last 1000 Years* (London: Verso, 2018), p.180.

22 Robert Castel, *From Manual Workers to Wage Labourers: Transformation of the Social Question*, trans. Richard Boyd (New Brunswick, NJ: Transaction Publishers, 2003), p.xiii.

23 Guy Standing, *Work after Globalization: Building Occupational Citizenship* (Northampton, MA: Edward Elgar, 2009), p.43.

24 由威廉·贝弗里奇(William Beveridge)转引自 David Kynaston, *Austerity Britain*, 1945—1951 (London: Bloomsbury, 2007), p. 26。

25 Nancy Fraser, "Contradictions of Capital and Care", *New Left Review* 100 (2016) 99—117 (111).

26 Mariarosa Dalla Costa and Selma James, *The Power of Women and the Subversion of Community* (Bristol: Falling Wall Press, 1975), p.26.

27 Angela Davis, *Women, Race and Class* (London: The Women's Press, 1981), pp.13—14.

28 Shulamith Firestone, *The Dialectic of Sex: The Case for Feminist Revolution* (London: Verso, 2015), p.105.

29 Ira Katznelson, *When Affirmative Action Was White: An Untold History of Racial Inequality in Twentieth-Century America*

(New York: Norton, 2005), pp. 142—143;另见 Jill Quadagno, *The Colour of Welfare: How Racism Undermined the War on Poverty* (Oxford: Oxford University Press, 1994)。

30　Isabel Lorey, *State of Insecurity: Government of the Precarious*, trans. Aileen Derieg (London: Verso, 2015), p. 42.

31　可参见 J. A. Smith, "Fake News Literary Criticism" in *Brexit and Literature: Critical and Cultural Responses*, ed. by Robert Eaglestone (London: Routledge, 2018), pp. 118—130。

32　转引自 Anton Jäger, "Why 'Post-Work' Doesn't Work", *Jacobin* 19/11/18 [https://www.jacobinmag.com/2018/11/post-work-ubi-nick-srnicek-alex-williams]。

33　弗兰科·"比弗"·贝拉尔迪(Franco "Bifo" Berardi),其观点 161
在如下文本得到了附和:Mark Fisher, *K-Punk: The Collected and Unpublished Writings*, ed. by Darren Ambrose (London: Repeater, 2018), pp. 769—770。

34　Andy Beckett, *When the Lights Go Out: What Really Happened to Britain in the Seventies* (London: Faber and Faber, 2009), pp. 143—144.

35　Peter Frase, *Four Futures: Life after Capitalism* (London: Verso, 2016), p. 43.

36　可参见 Smith, "Fake News Literary Criticism" on the examples of Richard Hoggart's *The Uses of Literacy* (1957);以及 F. R. 利维斯于 20 世纪 60 年代的著作,辑录为《吾之利剑将永不休息》(*Nor Shall My Sword*, 1972)。

37　Frayne, *The Refusal of Work*, p. 83。欲了解临时缴款(interim contributions),可参见(例如)Jeremy Rifkin, *The End of Work*

(New York: Putnam Books, 1997);以及 Stanley Aronowitz and Jonathan Cutler (eds.), *Post-Work: The Wages of Cybernation* (New York: Routledge, 1998)。

38 Frederick Harry Pitts, "Beyond the Fragment: Postoperaismo, Postcapitalism and Marx's 'Notes on Machines', 45 Years On", *Economy and Society* 46:3—4 (2017) 324—345.

39 William Mitchell and Thomas Fazi, *Reclaiming the State: A Progressive Vision for a Post-Neoliberal World* (London: Pluto, 2017), chpt. 9.

40 关于以这种方式把问题的哲学维度分开的必要性,可参见 John Danaher, "Will Life Be Worth Living in a World Without Work? Technological Unemployment and the Meaning of Life", *Science and Engineering Ethics* 23:1 (2017) 41—64。

41 Frayne, *The Refusal of Work*, p.158.

42 André Gorz, *Reclaiming Work: Beyond the Wage Based Society* (Cambridge: Polity, 1999), p.113.

162 43 Frayne, *The Refusal of Work*, p.180。另见"人们的行为会受真正的实用性所驱动:渴望创造、帮助他人,避免从事有可能不道德的工作。他们对成功的定义不是物质财富或社会地位,而是发展个人能力的机会……有些人利用时间照顾年迈的父母或陪孩子一起玩"(第155页)。

44 Virginia Woolf, *A Room of One's Own and Three Guineas*, ed. by Anna Snaith (Oxford: Oxford University Press), p.143.

45 Q. D. Leavis, "Caterpillars of the Commonwealth Unite!", *Scrutiny* 7 (1938) 203—214.

46 利维斯对性别保守主义和阶级激进主义做了非常精确的反

转；当伍尔夫被（费边社创始人比阿特丽斯·韦伯[Beatrice Webb]）建议把婚姻当作“情感的废纸篓”以便为艺术创作清理思绪时，伍尔夫反驳道：“我敢说，家里的一个老仆也能做得到。”Leonard Woolf, *Beginning Again: An Autobiography of the Years 1911 to 1918* (London: The Hogarth Press, 1964), p. 117。

47 Frayne, *The Refusal of Work*, p. 40.

48 Frase, *Four Futures*, pp. 46—47; Nick Srnicek and Alex Williams, *Inventing the Future: Postcapitalism and a World without Work* (London: Verso, 2015), pp. 113－114; Helen Hester, *Xenofeminism* (Cambridge: Polity, 2018), chpt. 1; Sophie Lewis, *Full Surrogacy Now: Feminism Against Family* (London: Verso, 2019).

49 Srnicek and Williams, *Inventing the Future*, pp. 113—114.

50 Karl Marx, *The German Ideology*, trans. by W. Lough, C. Dutt and C. P. Magill (London: Lawrence and Wishart, 1970), p. 54。关于马克思其他研究中关于情境化（contextualisation）的内容，可参见 Frase, *Four Futures*, pp. 38—41。

51 Kathi Weeks, *The Problem with Work: Feminism, Marx-* 163
ism, Antiwork Politics and Postwork Imaginaries (Durham, NC: Duke University Press, 2011), pp. 204, 209.

52 Erich Fromm, *Marx's Concept of Man* (London: Continuum, 2003), p. 50.

53 Srnicek and Williams, *Inventing the Future*, p. 85.

54 Frayne, *The Refusal of Work*, p. 36.

55 Owen Hatherley, "Work and Non-Work", *Libcom* 22/04/13 [https://libcom.org/library/work-non-work-owen-hatherley].

56 Jean-Luc Nancy, *The Inoperative Community*, trans. by Pe-

ter Connor, Lisa Garbus, Michael Holland, and Simona Sawhney (Minneapolis, MN: University of Minnesota Press, 1991), p.2.

57 William Empson, *Some Versions of the Pastoral* (London: Penguin, 1995 [1935]), p.20.

58 Nancy, *Inoperative Community*, p.3.

59 Nancy, *Inoperative Community*, p.7.

60 Donald E. Pizer (ed.), *American Communal Utopias* (Chapel Hill, NC: University of North Carolina Press, 1997).

61 Nancy, *Inoperative Community*, p.4.

62 Nancy, *Being Singular Plural*, trans. by Robert D. Richardson and Anne E. O'Byrne (Stanford, CA: Stanford University Press, 2000), p.66.

63 Nancy, *Inoperative Community*, p.28.

64 Raymond Williams, "The Bloomsbury Fraction", *Culture and Materialism* (London: Verso, 2005), pp.148—169.

65 Nancy, *Inoperative Community*, p.41。正是出于这个原因，杰里米·吉尔伯特将南希列入了他所谓的"非法西斯主义分子"的思想家行列:不要求毁灭个体的群体。详见 *Common Ground: Democracy and Collectivity in an Age of Individualism* (London: Pluto, 2014), chpt. 5。

164 66 "独体之存在享有和书写之存在同样的结构:它只存在于交流之中。"Nancy, *Inoperative Community*, p.78。

67 Nancy, *Inoperative Community*, p.29.

68 Nancy, *Inoperative Community*, p.78.

69 Jacques Derrida, *Of Grammatology*, trans. by Gayatari Chakravorty Spivak (Baltimore, MD: The John Hopkins University

Press), p.158.

第二章　工作驱逐

1　可参见 Christopher Ricks, *T. S. Eliot and Prejudice* (Berkeley, LA: University of California Press, 1988), chpt. 1。

2　Walter Benjamin, "Franz Kafka: On the Tenth Anniversary of His Death" in *Selected Writings*, ed. by Michael W. Jennings and others (Cambridge, MA: The Belknap Press, 2005), v.2, p.796.

3　感谢苏·蒂利对这些细节做了确认。

4　收录于 Nancy Fraser, *Fortunes of Feminism: From State Managed Capitalism to Neoliberal Crisis* (London: Verso, 2013), pp. 89—94;另见 Ruth Levitas, *The Inclusive Society: Social Exclusion and New Labour* (Basingstoke: Palgrave, 2005), p.15。

5　Adam Perkins, *The Welfare Trait* (London: Palgrave, 2015).

6　这并不是要贬低他们带来改变所具有的重要性。欲了解失业经历、失业救济的新限制以及有组织的抵制措施,可参见 Brian Marren, *We Shall Not Be Moved: How Liverpool's Working Class Fought Redundancies, Closures and Cuts in the Age of Thatcher* (Manchester: Manchester University Press, 2016), chpt. 4。

7　Social Justice Policy Group, *Breakthrough Britain: Ending the* 165
Costs of Social Breakdown (London: Social Justice Policy Group, 2007), p. 215。耐人寻味的是,这篇为 2010 年联合政府改革提供蓝本的右翼文章的构思源自从 1942 年到 1985 年提案中不断主张福利的条件性下降。在作者的构思中,1996 年标志着"重新引入条件性"尝试的开始。

8　Gerry Mooney and Alex Law, "New Labour, 'Modernisation'

and Welfare Worker Resistance" in *New Labour/Hard Labour?: Restructuring and Resistance Inside the Welfare Industry*, ed. by Gerry Mooney and Alex Law (Bristol: The Policy Press, 2007), 1—22 (p. 4).

9 Stuart Hall, *Selected Politics Writings: The Great Moving Right Show and Other Essays*, ed. by Sally Davison, David Featherstone, Michael Rustin and Bill Schwarz (London: Lawrence and Wishart, 2017), p. 288.

10 Andrew Wallace, *Remaking Community?: New Labour and the Governance of Poor Neighbourhoods* (Farnham: Ashgate, 2010), p. 23; Levitas, *The Inclusive Society*, p. 191.

11 Levitas, *The Inclusive Society*, p. 11.

12 Frank Field MP, "Britain's Underclass: Countering the Growth" in *Charles Murray and the Underclass: The Developing Debate*, ed. by David G. Green (London: IEA, 1996), pp. 57 — 60 (p. 57):"他搞错事实且理解有误,但这都不应使任何人忽视默里想要传达的主要意思。"

13 Richard Seymour, *Corbyn: The Strange Rebirth of Radical Politics* (London: Verso, 2016), p. 155.

14 Richard Power Sayeed, *1997: The Future That Never Happened* (London: Zed Books, 2017)。回顾布莱尔卸任首相之际,布莱尔
166 的智囊安东尼・吉登斯(下文将详细介绍)承认,"工党一直对其平等主义的抱负含糊其辞,用社会排斥的模糊语言来表达",大意是如果"有人怀疑"工党对社会正义所做承诺的"力度",是可以被谅解的。*Over to You Mr Brown: How Labour Can Win Again* (Cambridge: Polity, 2007), p. 28。

15 Peter Mandelson, *Labour's Next Steps: Tackling Social Exclusion* (London: Fabian Society, 1997), p. 35.

16 Alex Callinicos, "Social Theory Put to the Test of Politics: Pierre Bourdieu and Anthony Giddens", *New Left Review* 1: 236 (1999), 77—102 (86—87).

17 Anthony Giddens, *Modernity and Self-Identity: Self and Society in the Late Modern Age* (Cambridge: Polity, 1991), p. 81.

18 David Harvey, *A Brief History of Neoliberalism* (Oxford: Oxford University Press, 2005), p. 69.

19 Wallace, *Remaking Community?*, p. 20.

20 Tom Slater, "The Myth of 'Broken Britain': Welfare Reform and the Production of Ignorance", *Antipode* 46: 4 (2012) 948 — 968 (956).

21 Giddens, *Modernity and Self-Identity*, p. 129.

22 Andreas Cebulla, Karl Ashworth, David Greenberg, and Robert Walker, *Welfare-to-Work: New Labour and the US Experience* (Aldershot: Ashgate, 2005), p. 4.

23 Ivor Southwood, *Non-Stop Inertia* (Winchester: Zero, 2011), p. 49.

24 关于"为劳动而工作",可参见 Guy Standing, "Understanding the Precariat through Labour and Work", *Development and Change* 45:5 (2014) 956—980 (963)。

25 Slater, "The Myth of 'Broken Britain'" 660.

26 关于线上平台和脆弱劳动力之间关联的评论,可参见 J. A. Smith, *Other People's Politics*: *Populism to Corbynism* (Winchester: Zero, 2020), pp. 17—18。

167 27 尽管正如一篇报道犯罪的文章所指出的那样，比斯利低估了他想要找的男性在经济和家庭破裂的情况下所形成的替代性亲密关系——“高中时的老朋友，每天聊天的次数多到需要给自己买对讲机；一位父亲，晚上睡觉时和早上起床时都会给他快成年的儿子们发短信。”(Hanna Rosin, “Murder by Craigslist”, *The Atlantic* 09/13 [https://www.theatlantic.com/magazine/archive/2013/09/advertisement-for-murder/309435])

28 Russ Castronovo, “Occupy Bartleby”, *J19: The Journal of Nineteenth-Century Americanists* 2:2 (2014) 253—272.

29 Charles Dickens, *Martin Chuzzlewit*, ed. by P. N. Furbank (London: Penguin, 1968), p. 681.

30 Arthur Conan Doyle, *Sherlock Holmes: The Complete Illustrated Short Stories* (London: Chancellor Press, 1985), pp. 210, 31, 156.

31 Bram Stoker, *Dracula* (London: HarperCollins, 2011), p. 17.

32 Henry James, *The Turn of the Screw* (New York: Norton, 1999), p. 6.

33 例如，可参见 Alexander Cooke, “Resistance, Potentiality and the Law: Deleuze and Agamben on ‘Bartleby’”, *Angelaki: Journal of the Theoretical Humanities* 10:3 (2005) 79—89。

34 Southwood, *Non-Stop Inertia*, p. 79.

35 第二层隐含之意可见于 Andrew Knighton, “The Bartleby Industry and Bartleby’s Idleness”, *ESQ: A Journal of the American Renaissance* 53:2 (2007) 184—215。

36 Allen Clarke, *The Effects of the Factory System* (London:

Grant Richards, 1899), pp. 51—52, 32.

37 Philip Alston, "Statement on Visit to the United Kingdom" (2018) [https://www.ohchr.org/en/NewsEvents/Pages/DisplayNews.aspx?NewsID=23881&LangID=E].

38 Danny Dorling, "Short Cuts: Life Expectancy", *London Review of Books* 39:22 (2017) [https://www.lrb.co.uk/v39/n22/danny-dorling/short-cuts]. 168

39 Jason Heyes, Mark Tomlinson, and Adam White, "Underemployment and Well-Being in the UK before and after the Great Recession", *Work, Employment and Society* 31:1 (2017) 71—89 (85).

40 Frayne, *The Refusal of Work*, p. 38.

41 Jamie Woodcock, *Working the Phones: Control and Resistance in Call Centres* (London: Pluto, 2017), pp. 71—72.

42 Frayne, *The Refusal of Work*, p. 148.

43 Nic Murray, "No Crying in the Breakroom" in *The Work Cure: Critical Essays on Work and Wellness*, ed. by David Frayne (Monmouth: PCC Books, 2019), pp. 45—60 (p. 53).

44 转引自 Tim Bale, *The Conservative Party: From Thatcher to Cameron* (Cambridge: Polity, 2010), p. 146。关于联合政府福利政策方向中内部力量的其他报道，可参见 Matthew D'Ancona, *In It Together: The Inside Story of the Coalition Government* (London: Penguin, 2013), chpt. 8。

45 Alex Hern, "Tesco's Unpaid Labour Shows the Flaw at the Heart of Workfare", *Left Foot Forward* 16/02/12 [https://leftfootforward.org/2012/02/tescos-unpaidlabour-shows-the-flaw-at-the-heart-of-workfare]; Ewa Jasiewicz, "Poverty Pay Is No Alternative to Work-

fare: Why We're Telling Sainsbury's to Pay Up", *Red Pepper* 01/07/12 [https://www.redpepper.org.uk/poverty-pay-workfare]; Martin Dunne, "My Job Was Replaced by a Workfare Placement", *Guardian* 03/03/12 [https://www.theguardian.com/commentisfree/2012/mar/03/job-replaced-workfare-placement].

169 46 Patrick Butler, "Shelter Warns of Leap in Working Homeless as Families Struggle", *Guardian* 23/07/18 [https://www.theguardian.com/society/2018/jul/23/shelter-warns-of-leap-in-working-homeless-as-families-struggle].

47 Michael Adler, "A New Leviathan: Benefit Sanctions in the Twenty-first Century", *Journal of Law and Society* 43: 2 (2016) 195—227 (201—202).

48 "4 Out of 10 PIP Claimants Do Not Appeal as It Would Be Too Stressful", *Disability Rights UK* 10/09/18 [https://www.disabilityrightsuk.org/news/2018/september/4-out-10-pip-claimants-do-not-appeal-it-would-be-too-stressful].

49 Ivor Southwood, "The Black Dog" in *The Work Cure: Critical Essays on Work and Wellness*, ed. by David Frayne (Monmouth: PCC Books, 2019), pp.29—44 (p.39).

50 Alston, "Statement on Visit to the United Kingdom".

51 Del Roy Fletcher and Sharon Wright, "A Hand Up or a Slap Down?: Criminalising Benefit Claimants in Britain via Strategies of Surveillance, Sanctions and Deterrence", *Critical Social Policy* 38: 2 (2017) 323—344 (344).

52 “实施制裁的主要效果是将申领者驱逐出福利制度，并进一步拉开他们与工作世界的距离”；Adler, “A New Leviathan”, p.219。

53　Saskia Sassen, *Expulsions: Brutality and Complexity in the Global Economy* (Cambridge, MA: The Belknap Press, 2014), p. 36.

54　另见 Andrew Gibson, *Modernity and the Political Fix* (London: Bloomsbury, 2019), p. 3。

55　[International Labour Organisation], *Women and Men in the Informal Economy: A Statistical Picture. Third Edition* (2018) [https://www.ilo.org/wcmsp5/groups/public/---dgreports/---dcomm/documents/publication/wcms_626831.pdf]。研究第三世界自由劳动力(footloose labour)的学者扬・布雷曼(Jan Breman)对"正式"和"非正 170
式"就业日益增长的互换性进行了有益的总结。关于这种形式的下面这番分析似曾相识:"通过外包和分包,大量工人在正规经济中的非正规条件下就业。在这里,'非正规性'只是降低劳动力价格的一种方式,使其沦为一种纯粹的商品,没有任何保障或可持续工作条件的规定,更不用说逆境保护了。你只在需要的时候购买劳动力,用后即弃。这就是非正规经济的运作方式。非正规经济之所以受到雇主和资本所有者——更不用说国际货币基金组织和世界银行——的青睐,另一个重要原因是它使集体行动变得非常困难:劳动力是流动的,因此很难组织起来。如果你在早市上出卖一天的劳动力,你怎么能与周围的人,与你的竞争对手一起采取集体行动呢?""Interview: A Footloose Scholar", *New Left Review* 94 (2015) 45　75 (57—58)。

第三章　我们"年轻女孩们"

1　Laurel Ptak, "Wages for Facebook" [http://wagesforfacebook.com].

2　Christian Fuchs, *Digital Labour and Karl Marx* (New York: Routledge, 2014), p. 248。关于相关新词的综述以及这些术语在学术

上的应用情况，可参见 Richard Heeks, “Digital Economy and Digital Labour Terminology”, Centre for Development Informatics, working paper 70 (2017)。

3 Nick Srnicek, *Platform Capitalism* (Cambridge: Polity, 2017), p.54.

171 4 Silvia Federici, *Wages Against Housework* (Bristol: Falling Walls Press and Power of Women Collective, 1975).

5 凯莉·贾勒特等学者从更广义的角度指出了这一点。贾勒特认为“可以利用已经确定的、与理解家务劳动在资本主义中的作用相关的框架，对商业网络经济循环中被利用的非物质和情感劳动形式进行有益的审视”。Kylie Jarrett, *Feminism, Labour and Digital Media* (New York: Routledge, 2016), p.3。

6 Federici, *Wages Against Housework*, pp.5—6.

7 Louise Toupin, *Wages for Housework: A History of the International Feminist Movement*, 1972 — 1977, trans. by Käthe Roth (London: Pluto, 2017), pp.63—64.

8 Tiqqun, *Preliminary Materials for a Theory of the Young Girl*, trans. by Ariana Reines (Los Angeles, CA: Semiotext(e), 2012), p.15.

9 Elizabeth Gaskell, *North and South*, ed. by Angus Easson (Oxford: Oxford University Press, 1998) pp.12—13.

10 Jane Austen, *Pride and Prejudice*, ed. by James Kinsley (Oxford: Oxford University Press, 2004), p.29。小说后文则是伊丽莎白·贝内特一句打趣的话：“怪不得你只认识六个才女。我现在简直疑心你连一个也不认识呢。”

11 Tiqqun, *Preliminary Materials*, pp.15, 17—18.

12 Tiqqun, *Preliminary Materials*, p. 17。保罗·索伦蒂诺(Paul Sorrentino)的电视剧讲述了一个精通公关、商品化的罗马教廷和一个既美国做派又极端保守的千禧一代的教皇之间的较量。

13 Tiqqun, *Preliminary Materials*, p. 14.

14 Nina Power, “She's Just Not That into You”, *Radical Philosophy* 177 (2013) [https://www.radicalphilosophy.com/reviews/individual-reviews/rp177-shes-just-not-that-into-you].

15 Jacqueline Rose, “Corkscrew in the Neck”, *London Review of* 172
Books 37:17 (2015) [https://www.lrb.co.uk/v37/n17/jacqueline-rose/corkscrew-in-the-neck]。该文是对《火车上的女孩》(*The Girl on the Train*)和《消失的爱人》(*Gone Girl*)等大众畅销书的一篇评论文,相关研究对象可能还包括《龙文身的女孩》(*The Girl with the Dragon Tattoo*,电影版,2011)和《女孩们》(*The Girls*,2017)。关于21世纪初流行文化热衷于以失身年轻女性为主题的现象分析,可参见 Alex Dymock, “Flogging Sexual Transgression: Interrogating the Costs of the ‘*Fifty Shades* Effect’”, *Sexualities* 16:8 (2013), 880—895。欲了解关于“女孩”之术语更多的正面学术评价,可参见2008年开始发行的跨学科期刊《少女研究》(*Girlhood Studies*)的研究成果。

16 Sianne Ngai, *Our Aesthetic Categories: Zany, Cute, Interesting* (Cambridge, MA: Harvard University Press, 2012), p. 65.

17 可参见苏珊·沃特金斯关于南美(#NiUnaMenos)和地中海(#NonUnaDiMeno)运动的文章,这些运动更富有成效地将重点放在争取团结上,包括为不稳定人群争取更安全的工作场所,为性工作者争取政治选择权。Susan Watkins, “Which Feminisms?” *New Left Review* 109 (2018), 5—76, 60—64。

18 带着家长式的悲情和怀旧的性别歧视,《初步材料》指出“‘年轻女孩'把所有的伟大都拉低到她屁股的水平"（第 37 页），"'年轻女孩'在这里不是来接受批评的"（第 39 页），而且很显然，"肯定没有什么地方能像在'年轻女孩'的怀抱中那样让人感到极度的孤独"（第 35 页）。

19 Max Horkheimer, "The End of Reason", *Studies in Philosophy and Social Science* 9:3 (1941), 366—388 (382).

20 Stuart Ewen, *Captains of Consciousness: Advertising and the Social Roots of the Consumer Culture* (New York: McGraw Hill, 1976), pp. 131—149; Nancy Woloch, *A Class by Herself: Protective
173 *Laws for Women Workers, 1890s—1990s* (Princeton, NJ: Princeton University Press, 2015); Fraser, "Contradictions of Capital and Care", 105—108.

21 Siegfried Kracauer, *The Salaried Masses*, trans. by Quintin Hoare (London: Verso, 1998), pp. 53—59.

22 Stefan Zweig, *Die Welt von Gestern* (Berlin: Insel Verlag, 2013), pp. 45, 54.

23 Thomas Mann, *Der Tod in Venedig* (Frankfurt: Fischer, 1992), pp. 34—35.

24 Davis, *Women, Race and Class*, pp. 227—229.

25 Ewen, *Captains of Consciousness*, pp. 159—184, 182.

26 Maurizio Lazzarato, "Immaterial Labor" in *Radical Thought in Italy: A Potential Politics*, ed. by Paolo Virno and Michael Hardt (Minneapolis, MN: University of Minnesota Press, 1996), pp. 133—146 (136).

27 Michael Hardt, "Affective Labor", *boundary 2* 26:2 (1999), 89—100 (96); Arlie Russell Hochschild, *The Managed Heart: The

Commercialisation of Human Feeling (Berkeley, CA: University of California Press, 2012).

28 Maria Mies, Veronika Bennholdt Thomsen, and Claudia von Werlhof, *Women: The Last Colony* (London: Zed Books, 1988).

29 Paul B. Preciado, *Testo Junkie: Sex, Drugs, and Biopolitics in the Pharmacopornographic Era* (New York: The Feminist Press, 2013), pp. 285, 287, 314.

30 Srnicek, *Platform Capitalism*, p. 54.

31 Jane Austen, *Emma* (Oxford: Oxford University Press, 2008), pp. 235—236.

32 Donna Haraway, *Simians, Cyborgs and Women* (London: Free Association Books, 1991), p. 161, 166, 171.

33 Haraway, *Simians, Cyborgs and Women*, p. 151.

34 怀恩豪斯去世当月，时任英国首相戴维·卡梅伦宣布启动莱 174
韦森调查；有报道称，怀恩豪斯自己的电话也被记者窃听，但尚未得到证实。

35 “Director Asif Kapadia on His Moving New Amy Winehouse Documentary”, *Vogue* 07/07/15 [http://www.vogue.com/article/amy-winehouse-documentary-director-asif-kapadia].

36 Diane Charlesworth, “Performing Celebrity Motherhood on Twitter: Courting Homage and (Momentary) Disaster — the Case of Peaches Geldof”, *Celebrity Studies* 5:4 (2014), 508—510 (509).

37 我们的相关讨论可见于：“For Peaches” in EDA Collective, *Twerking to Turking: Everyday Analysis volume 2*, ed. by Alfie Bown and Daniel Bristow (Winchester: Zero, 2015), pp. 87—88。

38 Robert Payne, *The Promiscuity of Network Culture: Queer*

Theory and Digital Media (London: Routledge, 2015), p.71.

39 Fleur de Force, "Internet Famous: Fleur de Force", *Channel 4*, 2015.

40 可参见 Theresa Senft, "Microcelebrity and the Branded Self" in *A Companion to New Media Dynamics*, ed. by John Hartley, Jean Burgess, and Axel Bruns (Malden, MA: Wiley, 2013), pp. 346—354。

41 Adorno, *The Culture Industry*, pp. 189, 191.

42 可参见 Tiziana Terranova, "Free Labor: Producing Culture for the Digital Economy", *Social Text* 18:2 (2000) 33—58; Julian Kücklich, "FCJ-025 Precarious Playbour: Modders and the Digital Games Industry", *The Fibreculture Journal* 5 (2005) [http://five.fibreculturejournal.org/fcj-025-precarious-playbour-modders-and-the-digital-games-industry]。

43 "Mother Holle" in Jacob Grimm and Wilhelm Grimm, *The Original Folk and Fairy Tales of the Brothers Grimm*, trans. by Jack
175 Zipes (Princeton, NJ: Princeton University Press, 2014), pp. 81—82.

44 Gaby Dunn, "Get Rich or Die Vlogging: The Sad Economics of Internet Fame", *Fusion* 14/12/15 [http://fusion.net/story/244545/famous-and-broke-on-youtube-instagram-social-media/].

45 Terranova, "Free Labour", 53.

46 关于网络经济中文化"把关人"被摧毁的危险,可参见 Evgeny Morozov, *To Save Everything, Click Here: Technology, Solutionism, and the Urge to Fix Problems That Don't Exist* (London: Penguin, 2013), pp. 173—180;另见 Andrew Ross, *Nice Work If You Can Get It: Life and Labour in Precarious Times* (New York: New York University Press, 2009), chpt. 1。

47　爱丽丝·马威克(Alice Marwick)据此认为,社交媒体技术使个人能够"占据类似于传统名人所拥有的那种大众主体性"。Alice Marwick, "You May Know Me from YouTube: (Micro)-Celebrity in Social Media" in *A Companion to Celebrity*, ed. by P. D. Marshall and S. Redmond (Hoboken, NJ: Wiley, 2015)。

48　Anne Helen Petersen, "The Real Peril of Crowdfunding Healthcare", 10/03/17 [https://www.buzzfeed.com/annehelenpetersen/real-peril-of-crowdfunding-healthcare? utm _ term ＝. ofvQJ1nM0 ＃. urLaJ8xVr].

49　Luke O'Neil, "Go Viral or Die Trying", 27/03/17 [http://www.esquire.com/news-politics/a54132/go-viral-or-die-trying/].

50　"Amid Humanitarian Funding Gap, 20 Million People across Africa, Yemen at Risk of Starvation, Emergency Relief Chief Warns Council", 10/03/17 [https://www.un.org/press/en/2017/sc12748.doc.htm].

51　Jean-Jacques Rousseau, *Discourse on Inequality*, trans. by 176
Franklin Philip (Oxford: Oxford University Press, 1994), pp. 60—61.

52　Jacques Derrida, *Of Grammatology* (Baltimore, MA: Johns Hopkins University Press), pp. 165—255.

第四章　资本主义之后的三种渴望方式

1　Rousseau, *Discourse on the Origin of Inequality*, p. 24.

2　可参见 Paul de Man, *Allegories of Reading: Figural Language in Rousseau, Nietzsche, Rilke and Proust* (New Haven, CT: Yale University Press, 1979), pp. 135—159。雅克·德里达指出,卢梭的历史问题在《论语言的起源》("The Essay on the Origin of Languages”)中得到了充分体现，卢梭的研究只是表明，在人类开始运用文字、技术和文明之前，要区分一个纯粹有道德的人是不可能的，就如同要绝对区分第一个人和其祖先一样。Jacques Derrida, “Genesis and Structure of the Essay on the Origin of Languages” in *Of Grammatology* (Baltimore, MD: Johns Hopkins University Press, 1997), pp. 165—316。

3 Rousseau, *Discourse on the Origin of Inequality*, p. 24.

4 可参见保罗·德·曼(Paul de Man)《阅读的寓言》(*Allegories of Reading*)第 137 页：“假设自然状态的存在方式与当前异化的人类状态的存在方式可能根本不相容，两者之间没有任何联系，那么问题仍然是，为什么这种激进的虚构……对于理解当下仍然是不可或缺的？”

5 E. P. Thompson, *William Morris: Romantic to Revolutionary* (New York: Pantheon, 1977), p. 791.

177 6 J. M. Keynes, “Economic Possibilities for Our Grandchildren” in *Essays in Persuasion* (London: Palgrave Macmillan, 2010), pp. 321—332.

7 Sigmund Freud, *Civilization and Its Discontents*, ed. by Todd Dufresne and trans. by Gregory C. Richter (Peterborough, Ontario: Broadview), p. 87.

8 Marx and Engels, *The German Ideology*, p. 57; Karl Marx, *Grundrisse*, trans. by Michael Nicolaus (London: Penguin, 1973), p. 488.

9 Emma Goldman, *My Disillusionment in Russia* (New York: Doubleday, 1923) [https://www.marxists.org/reference/archive/goldman/works/1920s/disillusionment/afterword.htm].

10 Kate Soper, “Other Pleasures: The Attractions of Post Con-

sumerism" in *Necessary and Unnecessary Utopias: Socialist Register 2000*, ed. by Leo Panitch and Colin Leys (Rendlesham: Merlin, 1999), pp. 115—132 (p. 117).

11 Kate Soper, "Marxism and Morality", *New Left Review*, 163 (1987), 101—113 (106).

12 Aaron Bastani, "We Don't Need More Austerity: We Need Luxury Communism", *Vice* 11/06/15 [https://www.vice.com/en_uk/article/ppxpdm/luxury-communism-933]; *Fully Automated Luxury Communism: A Manifesto* (London: Verso, 2019),该文出现得太晚,我们尚未详细研究巴斯塔尼的最新观点。

13 可参见 Robert Phelps, "Songs of the American Hobo", *The Journal of Popular Culture* 17:2 (1983) 1—21 (6—8)。

14 菲利普·坎利夫(Philip Cunliffe)在《列宁不朽!——重新想象俄国革命,1917—2017 年》(*Lenin Lives!: Reimagining the Russian Revolution, 1917—2017*, Alresford: Zero, 2017)中对 FALC 做了如下略带轻蔑的描述:"未充分就业、怯于工作的研究生们所梦想的未来是,他们幻想着在伦敦东部一家价格偏高的咖啡馆里对着笔记本电脑敲敲打打就能度过一生。"(第 120 页)

15 当前关于"去增长"的立场,以及关于"绿色新政"的各种变化 178
会导致生活水平下降还是大幅提高的争论尚未平息,相关精彩摘要可参见 Lola Seaton, "Green Questions", *New Left Review* 115 (2019) 105—129。

16 可参见 Bastani, *Fully Automated Luxury Communism*, chpt. 8。

17 Slavoj Žižek, *Welcome to the Desert of the Real: Five Essays on September 11 and Related Dates* (London: Verso, 2012), pp. 11—

12;关于主要肉类企业参与开发新型纯素食品的问题,可参见 Amelia Tait, "How Veganism Went from a Fringe Food Cult to a Multibillion Pound Industry", *New Statesman* 20/03/19 [https://www. new-statesman. com/2019/03/how-veganism-wentfringe-food-cult-multibillion-pound-industry]。

18 Srnicek and Williams, *Inventing the Future*, pp. 176－177, 80.

19 Corey Pein, *Live Work Work Work Die* (New York: Metropolitan Books, 2017), pp. 22, 23.

20 Smith, *Other People's Politics*, pp. 17－18.

21 Pein, *Live Work Work Work Die*, p. 68.

22 关于现阶段的资本主义已经代表了"资本共产主义"(communism of capital)的观点,可参见 Paolo Virno, *A Grammar of the Multitude* (Los Angeles, CA: Semiotext(e), 2004), p. 111。

23 采用斯尔尼塞克的分类法,我们这里主要提到的平台是"广告平台",尽管我们对其回归逻辑的争论以不同的方式适用于所有汇总数据的使用;Srnicek, *Platform Capitalism*, pp. 50－60。

24 Nolen Gertz, *Technology and Nihilism* (London: Rowman and Littlefield, 2018), p. 98.

25 Shoshana Zuboff, *Surveillance Capitalism: The Fight for a Human Future at the New Frontier of Power* (London: Profile Books, 2019), pp. 80－81.

179 26 "脸书的目标是让用户永远不必离开他们封闭的生态系统:新闻报道、视频、音频、短信交流、电子邮件,甚至消费品购买,都逐渐被折回平台本身";Srnicek, *Platform Capitalism*, p. 110;关于避免使用"五大"科技公司服务的不可能性,可参见卡什米尔·希尔(Kashmir Hill)

在 2019 年 1 月和 2 月为 Gizmodo① 撰写的系列文章 [https://gizmodo.com/c/goodbye-big-five]。

27　从反垄断法(政府对想要垄断的数字公司比对其他公司更为宽容)、公民自由(谷歌的崛起与它自“9·11”以来与美国安全国家的发展密不可分)和民主(所谓“过滤泡沫”的出现剥夺了我们所获取的意见)的视角,到取消人类决策所带来的不良后果之实际问题。

28　我们暂且不考虑我们的批评在多大程度上可以适用于新自由主义甚至资本主义本身关于欲望的假设;但回答这个问题的一个重要对话文本应该是:Evgeny Morozov, “Digital Socialism?”, *New Left Review* 116/117 (2019) 33—67,尤其是其结论(第 36—42 页),即基于数据的交易实际上并不构成一种实质上的新资本主义。

29　2016 年,时任英国卫生大臣杰里米·亨特(Jeremy Hunt)曾建议患者通过这样的方式来缓解财政紧缩下英国国家医疗服务体系(NHS)的压力,并因此受到批评。他说:“如果你对孩子身上的皮疹感到担心,可以通过在线方式问诊——你可以拿着照片对医生说‘疹子出成这样了’,这样或许能更快地大致了解孩子的病情是否严重。”Ashley Cowburn, “Jeremy Hunt's Advice to Parents ‘Could Put Lives at 180
Risk’, Doctors Say”, *Independent* 31/01/16 [https://www.independent.co.uk/news/uk/jeremy-hunt-s-advice-to-parents-could-put-lives-at-risk-doctors-say-a6844936.html]。

30　Nolen Gertz, *Technology and Nihilism*, p.127.

31　Jacques Lacan, *The Ethics of Psychoanalysis*, ed. by Jacques

---

①　Gizmodo 是一个美国知名科技网站,主要报道全球最新的一些科技类产品,比如 iPhone 原型机都可能最先出现在这个网站,报道的产品涉及各类高科技产品,在科技媒体领域有着广泛的读者群体和社交媒体追随者。

Alain-Miller, trans. by Dennis Porter (London: Norton, 1992), pp. 14, 230, 241.

32 Joan Copjec, *Read My Desire: Lacan against the Historicists* (London: Verso, 1994), p.103.

33 Quoted, Lacan, *The Ethics of Psychoanalysis*, p.91.

34 Lacan, *The Ethics of Psychoanalysis*, p.147.

35 Roland Barthes, *The Pleasure of the Text*, trans. by Richard Miller (New York: Hill and Wang, 1975).

36 Alenka Zupančič, *The Odd One In: On Comedy* (Cambridge, MA: The MIT Press, 2008), p.132.

37 值得注意的是,我们不得不在快乐原则和原乐之间采取有效对立——正如人们可能像拉康这样的巴洛克式思想家期望的那样,这种对立并不像最初看起来那么简单。《伦理学》("Ethics")收录在《精神分析的另一面》(*The Other Side of Psychoanalysis*,第 17 期研讨班)中,在其发表十年后,原乐及其对立范畴被表述为具有更强相互关联性的现象,这体现在人们更倾向于将后者称为"剩余原乐"。作为一种向资本主义"投入工作"的欲望,"剩余原乐"作为一个对广告平台进行批判的概念,其潜力还有待探索,但它在当代资本主义批判中的有益应用包括:Samo Tomšič, *The Capitalist Unconscious: Marx and Lacan* (London: Verso, 2015);以及 Stijn Vanheule, "Capitalist Discourse, Subjectivity and Lacanian Psychoanalysis", *Frontiers in Psychology* 7 (2016), 1—14。

181 38 恰恰相反,关于试图将数据聚合表示为一种"预言性"技术的重要说明,可参见 David Beer, *The Data Gaze: Capitalism, Power, Perception* (London: Sage, 2018), pp. 27—29。

39 Safiya Umoja Noble, *Algorithms of Oppression: How Search*

Engines Reinforce Racism (New York: NYU Press, 2018).

40 据报道,油管(YouTube)员工用"疯狂传播"来形容人有问题的内容,而算法却认为这些内容是合算合意的,可参见 Mark Bergen, "YouTube Executives Ignored Warnings, Letting Toxic Videos Run Rampant", *Bloomberg* 02/04/19 [https://www.bloomberg.com/news/features/2019-04-02/youtube-executives-ignored-warnings-letting-toxic-videos-run-rampant];关于在已经高度自动化的儿童油管(YouTube)世界中,通过算法(以及相当于算法的人工)制作的怪诞,有时甚至令人讨厌的素材的案例研究,可参见 James Bridle, *New Dark Age: Technology and the End of the Future* (London: Verso, 2018), chpt. 9。

41 可参见 Francis Mulhern, *Culture/Metaculture* (London: Routledge, 2000), chpt. 1;要了解这一古老做派在数字文化批判中应用的经典范例,可参见 Sherry Turkle, *Alone Together: Why We Expect More from Technology and Less from Each Other* (New York: Basic Books, 2013)。

42 可参见 Leah Price, *How to Do Things with Books in Nineteenth Century Britain* (Princeton, NJ: Princeton University Press, 2012), p. 68。

43 Andrea Long Chu, "On Liking Women", *n+1* 30 (2018) [https://nplusonemag.com/issue-30/essays/on-liking-women/].

44 例如,可参见"Female Erasure", *femaleerasure.com*, as pointed out by Lewis in *Full Surrogacy Now*, p. 53。 182

45 Andrea Long Chu, "My New Vagina Won't Make Me Happy: And It Shouldn't Have To", *New York Times* 24/11/18 [https://www.nytimes.com/2018/11/24/opinion/sunday/vaginoplasty-trans-

gender-medicine. html].

46 Amia Srinivasan, “Does Anyone Have the Right to Sex?”, *London Review of Books* 40:6, 22/03/18 [https://www. lrb. co. uk/v40/n06/amia-srinivasan/does-anyone-have-the-right-to-sex].

47 巴斯塔尼提出,即使不消除我们的食肉欲望和资本主义欲望,共产主义也能蓬勃发展;而朱华敏则坚持性别转换的权利,即使这不会让她当前的不快乐状态有丝毫改变。

48 Trebor Scholz, “How Platform Cooperativism Can Unleash the Network” in *Ours to Hack and to Own: The Rise of Platform Cooperativism, a New Vision for the Future of Work and a Fairer Internet*, ed. by Trebor Scholz and Nathan Schneider (New York and London: Or Books, 2016), pp. 20—26; Morozov, “Digital Socialism?”.

49 Molly Fischer, “The Great Awokening: What happens to Culture in an Era of Identity Politics?” *The Cut* 1/10/18 [https://www. thecut. com/2018/01/pop-cultures-great-awokening. html].

50 以通俗电影作为基础,可以看出这些极端的情况。一方面,乔丹·皮尔(Jordan Peele)的《逃出绝命镇》(*Get Out*,2017)和布特·赖利(Boot Riley)的《抱歉打扰》(*Sorry to Bother You*,2018)在黑色喜剧这种反种族主义和反资本主义的艺术形式上进行了真正的创新;另一方面,平庸的超级英雄大片《神奇女侠》(*Wonder Woman*,2017)和《惊奇队长》(*Captain Marvel*,2019)因其所谓的启示性女性主义而广受赞誉。

183 51 制片人丹·哈蒙(Dan Harmon)为他对前雇员梅根·甘兹(Megan Ganz)的性骚扰进行了谦卑和自我反省的公开道歉。甘兹将这一道歉形容为“具有宣泄作用……就像针对毒药的解药一样”。与之形成鲜明对比的可能是脱口秀主持人梅根·麦凯恩(Meghan McCain)试图篡夺美国犹太人发言人的角色来谴责众议员伊尔汉·奥马尔(Ilhan

Omar),称其对亲以色列游说团体融资的评论是反犹太主义的表现。可参见 Dan Harmon,“Don't Let Him Wipe or Flush”, *Harmontown* podcast (2018); Megan Ganz, *This American Life* podcast, episode 674 (2019)。关于梅根·麦凯恩的信息,可参见 Eli Valley's brilliant cartoon and commentary in Shuja Haider,“Eli Valley Is Not Sorry” March 2019, popula. com。

52 “Clinton in Nevada”, *The Washington Post* 13/02/16 [https://www.washingtonpost.com/news/post-politics/wp/2016/02/13/clinton-in-nevada-not-everything-is-about-an-economic-theory/? utm_term=.be869ec17587].

53 Wendy Brown, “Wounded Attachments”, *Political Theory* 21.3 (1993) 390—410 (395).

54 Laboria Cuboniks, “Xenofeminist Manifesto” [laboriacuboniks.net].

55 Helen Hester, *Xenofeminism* (London: Polity, 2018), p.30.

56 Lacan, *The Ethics of Psychoanalysis*, pp.382—400.

57 *The Point* podcast, episode 3 (May 2018).

58 Lewis, *Full Surrogacy Now*, p.28.

59 Frase, *Four Futures*.

结语 共享你的界限

1 Frederick Engels, “The Part Played by Labour in the Transition from Ape to Man” in Karl Marx and Frederick Engels, *Selected Works in One Volume* (London: Lawrence and Wishart, 1968), pp. 358—368 (359).

2 Bernard Stiegler, *Technics and Time, Volume 1: The Fault of* 184

Epimetheus, trans. by Richards Beardsworth and George Collins (Stanford, CA: Stanford University Press, 1998), p. 113。马克思在谈到纺纱机时指出:"技术揭示了……[人类]生活的直接生产过程,从而也揭示了人类生活中社会关系的生产过程,以及从这些关系中产生精神观念的过程。"Karl Marx, *Capital, Volume 1*, trans. by Ben Fowkes (London: Penguin, 1990), p.493 n.4。

3 Engels, "The Part Played by Labour", p.367.

4 Engels, "The Part Played by Labour", p.366.

5 Engels, "The Part Played by Labour", pp.367,368.

6 Jason Moore (ed.), *Anthropocene or Capitalocene?* (Oakland, CA: PM Press, 2016).

7 David Harvey, *The Enigma of Capital and the Crises of Capitalism* (London: Profile Books, 2010), p.85.

8 Haraway, *Simians, Cyborgs and Women*, p.180.

9 Tiziana Terranova, "Red Stack Attack! Algorithms, Capital, and the Automation of the Common" 08/03/14, *euronomade. info*.

10 Haraway, *Simians, Cyborgs and Women*, p. 151; Jean-Luc Nancy, *The Inoperative Community*, p.41.

11 Jacques Derrida, *The Beast and the Sovereign, Volume 1*, trans. by Geoffrey Bennington (Chicago, IL: University of Chicago Press, 2009), p.298; Nancy, *Inoperative Community*, p.31.

12 Chantal Mouffe, *Agonistics: Thinking the World Politically* (London: Verso, 2013); Gilbert, *Common Ground: Democracy and Individuality*, p.216; Walter Benjamin, "Baudelaire [Convolute J]" in *The Arcades Project*, trans. by Howard Eiland and Kevin McLaughlin (Cambridge, MA: Harvard University Press, 2002), pp 360—361.

索引

（页码均为原书页码，对应正文中的边码）